AF233976

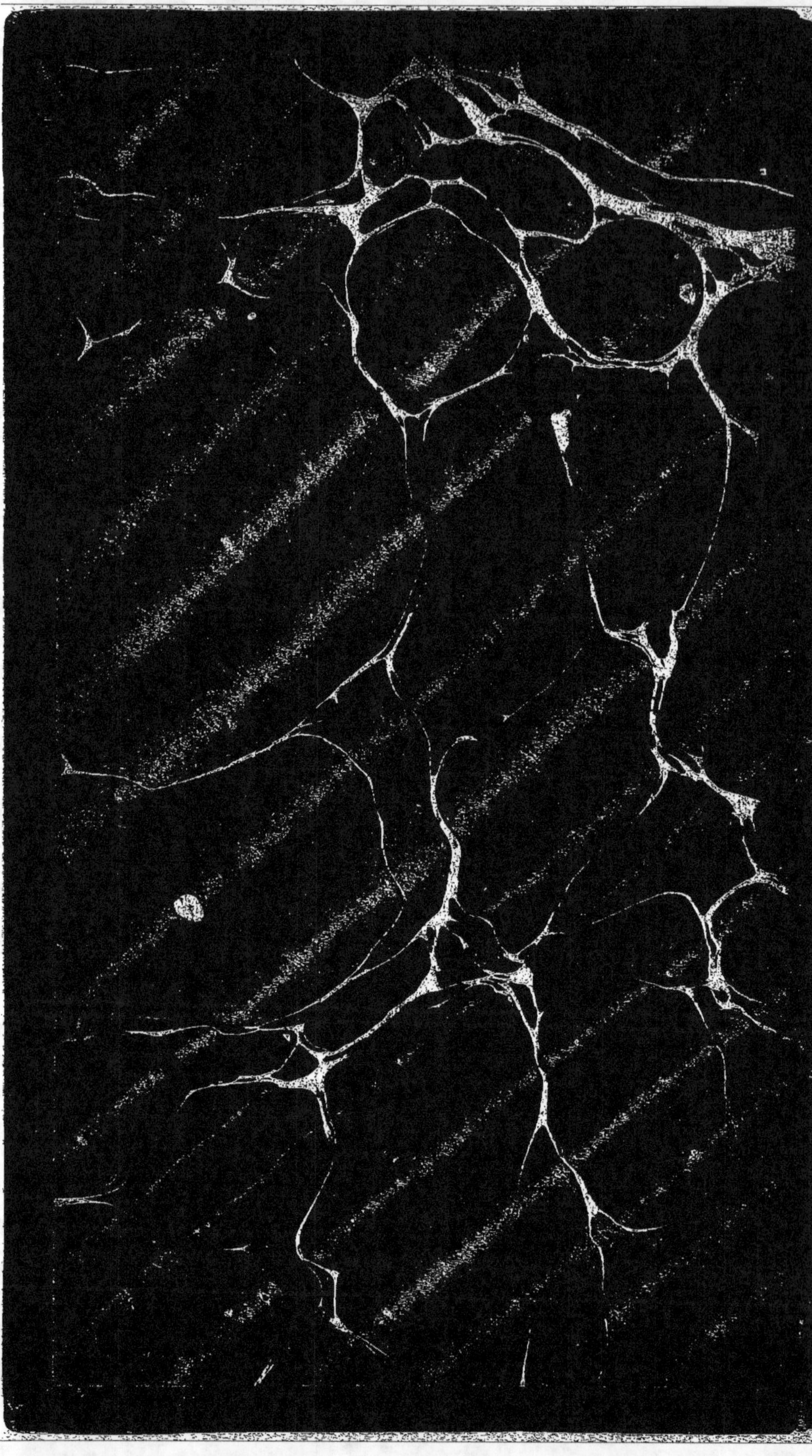

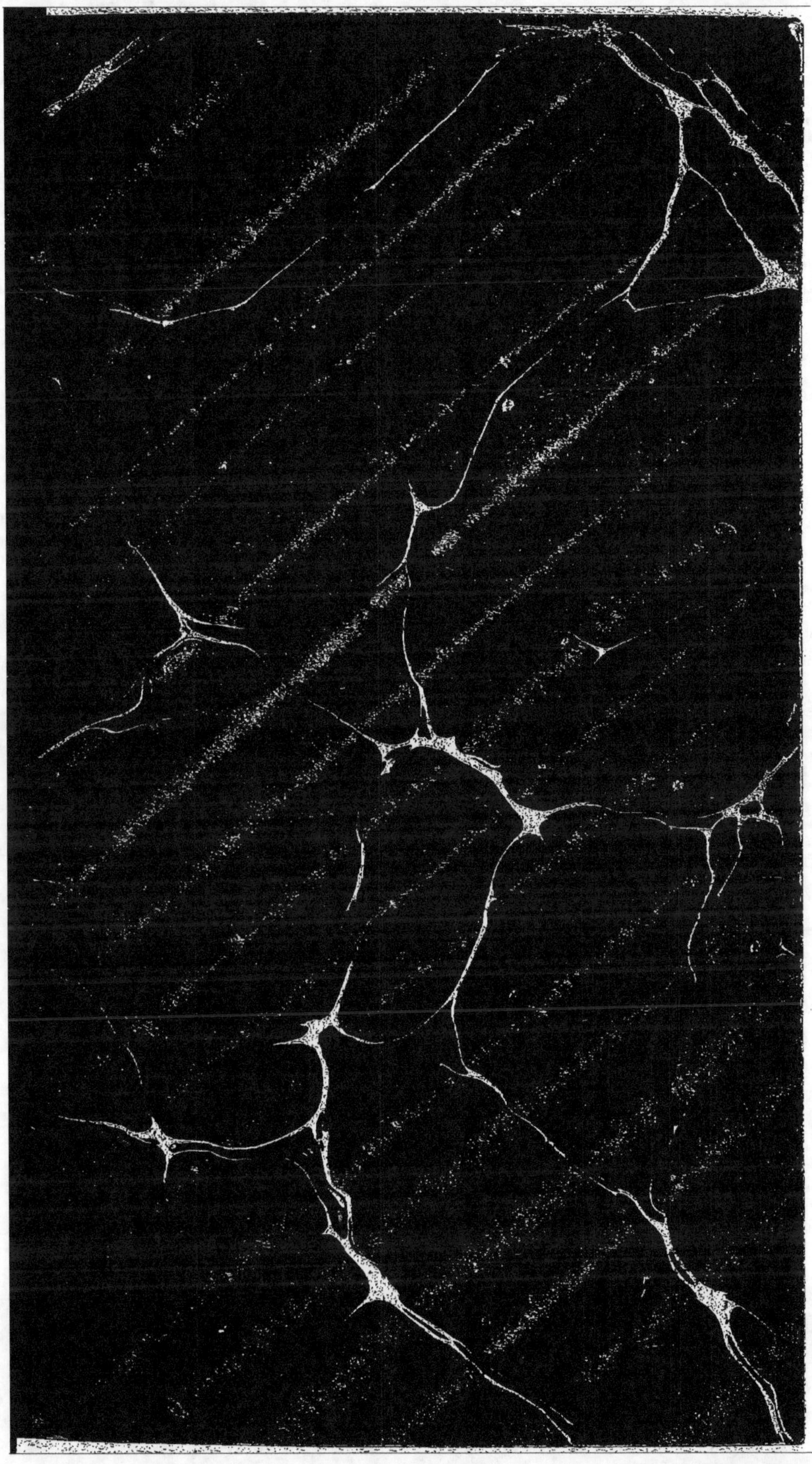

L'ÉMIGRÉ

PUBLIÉ

PAR

M. DE MEILHAN

ci-devant intendant du Pays d'Aunis,
de Provence, Avignon et du Hainaut,
et intendant-général de la guerre et
des armées du roi de France etc. etc.

TOME SECOND.

A BRUNSVICK

chez P. F. FAUCHE et COMPAGNIE.

1797.

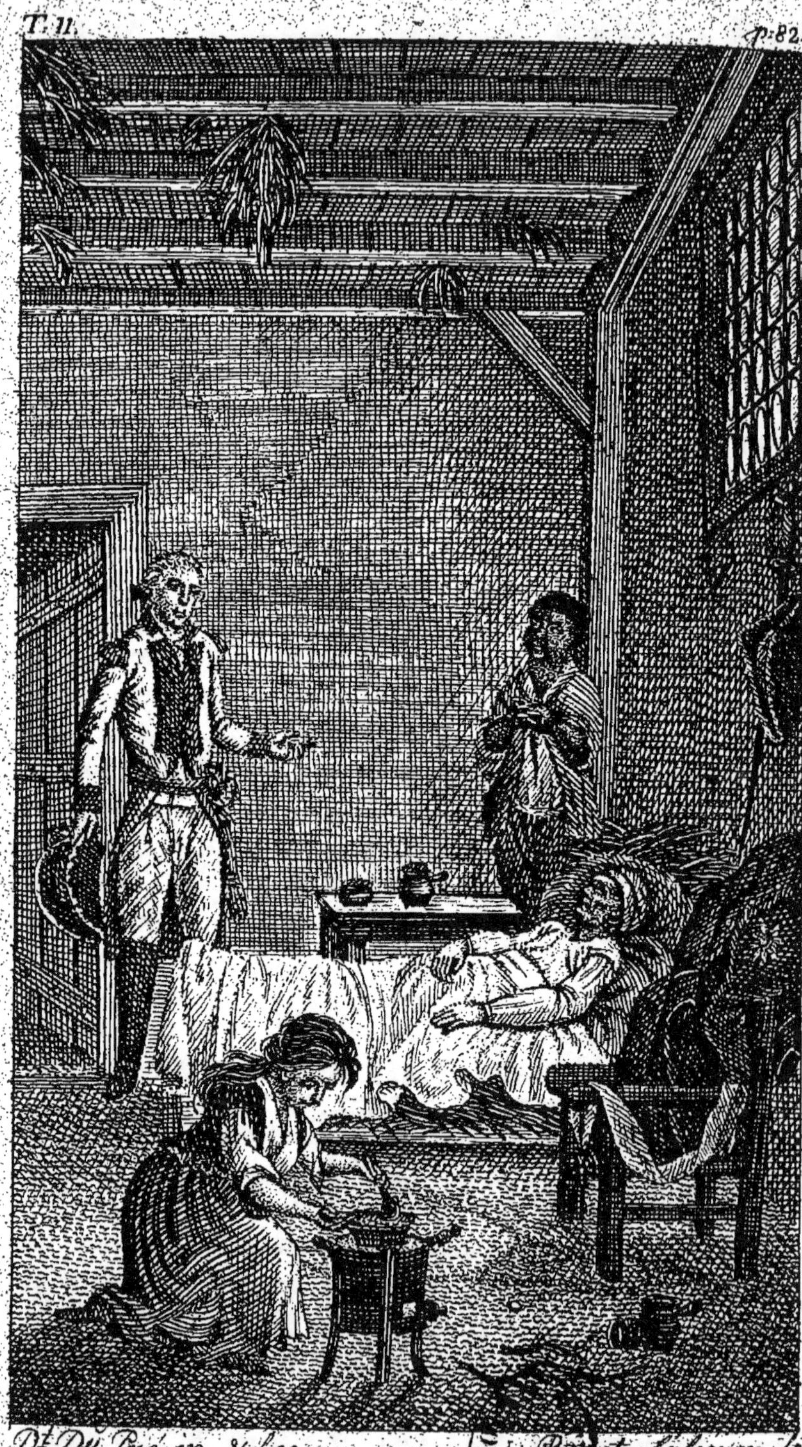
T. II.
p. 82.
D. Du Pré in. & fec.
Biget Salomon fc.

L'ÉMIGRÉ.

L'ÉMIGRÉ.

LETTRE XXX.

LE MARQUIS DE ST. ALBAN
A LA
DUCHESSE DE MONTJUSTIN.

Je suis enfin entièrement guéri, ma chère cousine, et je partirai dans peu pour Francfort, pénétré d'une immortelle reconnaissance pour l'intéressante famille qui m'a donné un asile. Vous me feriez grand plaisir de vous informer d'un logement pour moi. J'aurais été bien heureux fi nous avions pu loger enfemble; mais le titre de coufin aurait - il fuffi pour vous raffurer contre les propos? J'ai quelques fonds à raffembler qui me mettront au - deffus du befoin jufqu'à des circonftances plus heureufes. La fociété n'eft plus fi agréable au château de Lœwenftein, depuis l'arrivée du père et du mari. Chacun fait un peu trop fentir fon empire; mais ils font obligés de s'abaiffer un peu devant l'oncle, à qui fes richeffes donnent un afcendant marqué fur toute la famille, excepté fur fa nièce; on voit qu'elle respecte en lui le frère de fon père, fon âge, et fes vertus, mais que fes richeffes ne déterminent point fes égards et fes foins; on voit que pauvre il ferait également confidéré par elle. L'oncle, qui a un difcernement naturel, et plus

étendu qu'on ne croit, diftingue fort
bien et le genre des complaifances
qu'on a pour lui, et leur principe.
Il paraît favoir gré à fa nièce de la
jufte mefure de fes empreffemens, et
l'on croit voir qu'il compterait plus
fur fon amitié que fur celle des autres,
malgré leurs exagérations. Le mari
eft prévenu contre les Français, et j'at-
tribue à fon éloignement pour eux
quelques mots aigres qui avaient l'air
de s'adreffer indirectement à moi; j'ai
été tenté dans deux ou trois circonstances de croire qu'il avait quelque
jaloufie contre moi. *Sans être heureux
on fait donc des jaloux !* .... J'attends
de vos nouvelles, ma chère coufine, et
un dîner que nous allons faire à trois
lieues, ne me permet pas de m'entretenir plus long-temps avec vous;
agréez mon tendre attachement.

LETTRE XXXI.

LA DUCHESSE DE MONTJUSTIN
AU
MARQUIS DE ST. ALBAN.

Je m'informe de tous côtés, mon cher cousin, d'un logement tel que vous le désirez, et c'est pour moi un grand chagrin que la maison que j'habite ne soit pas plus vaste; je me serais mise au-dessus des propos, et en vérité je ne crois pas qu'ils eussent été à redouter. L'on vit où l'on peut, dans un bouleversement comme celui que nous éprouvons; d'ailleurs vous connaissez ma maxime, c'est que la vérité se fait toujours connaître à la longue; je ne pense donc pas qu'on nous eût pris long-temps pour *Annete et Lubin*. On m'a parlé d'une veuve qui a un appartement à louer, affez propre, et qui pourrait auffi fe charger de vous nourrir et de vous donner du caffé et du thé, car ces deux articles en Allemagne ne font jamais oubliés. Je crois que l'ordinaire de la veuve vous paraîtra préférable à une table d'hôte, et je tâcherai de faire prix pour le tout, qui n'excédera pas, à ce qu'on dit, fix livres de France par jour. Je ne fais fi votre petite fortune vous met en état de faire cette dépenfe. Avant que l'idée de faire des fleurs me fût venue, j'ai vêcu avec trois livres, moi et ma femme de chambre, dans une petite ville d'Allemagne, où à la vérité les vivres font moins chers. Comme vous devez bientôt arriver, je n'arrêterai rien définitivement ; mais je raffemblerai toutes les inftructions propres à vous mettre à portée de choisir promtement. Cela est important, car les auberges font fort chères à Francfort; c'est ici qu'est la fameuse Maison rouge; mais une telle habitation n'est pas à propofer à un Emigré. Je fuis très - fatisfaite de tout ce que j'ai vu à Lœwenstein; c'est une famille très - estimable, et la mère et la fille ne font dans aucun pays des femmes communes. Je crois, je dirai je crains, mon cher coufin, que le mérite de la fille n'ait fait que trop d'impreffion fur vous. C'est une affreufe fituation que celle qui fait un malheur de rencontrer une fociété aimable; on n'en fent que plus vivement fon mal, et l'agrément, le bien-être dont on jouit, affaibliffent le courage et femblent porter au défespoir. Qui m'aurait dit il y a dix ans, quand j'ai perdu le duc de

MONTJUSTIN que j'aimais sincère-
ment; quand j'ai perdu, il y a trois
ans, ma petite CHARLOTTE, qu'il viendrait un temps où je regarderais leur
mort comme un bien pour eux, et
presque aussi pour moi! Qui peut
m'assurer que le duc de MONTJUSTIN,
ardent, passionné dans ses goûts pour
les idées nouvelles, n'aurait pas été
Démocrate, ou qu'il n'aurait pas été
une des victimes immolées dans les
affreuses journées qui surpassent celle
de la *St. Barthelemy;* enfin impatient,
fier comme il l'était, comment aurait-
il pu se résigner à la pauvreté, et à
l'humiliation qui la suit? Que fe-
rais-je de ma CHARLOTTE, qui aurait aujourd'hui quatorze ans? Forcée
de la perdre de vue quelquefois pour
m'occuper de mon travail, et de mon
petit commerce, comment la garan-
tir des impressions qu'elle pourrait

recevoir ? Et fi les affaires de la France ne s'arrangent point, quel fort lui préparait l'avenir ! . . . . . fon éducation lui avait infpiré des fentimens conformes à fa naiffance, comment fuppofer que dans une perfonne de cet âge, la raifon aurait fu en affaiblir le fouvenir fans l'éteindre, et l'amener à une réfignation exempte de baffeffe et d'abattement ? Voilà ce que ma raifon me dit quelquefois pour tempérer la douleur de fa perte ; mais mon cœur me préfente bien plus fouvent un autre aspect, et je vois CHARLOTTE partageant mon travail, me prodiguant les plus tendres foins ; je vois dans elle une compagne chérie, à qui j'ouvre mon cœur, enfin l'objet d'une affection qui par fa nature et fa vivacité fuffit à l'ame la plus fenfible et la plus active. Mais il ferait venu un temps, et ce

temps n'était pas loin, où le cœur
de ma CHARLOTTE aurait éprouvé
des besoins, et la passion s'est toujours indignée des barrières que la
naissance et la fortune ont établies
dans la société. Dans un moment
où l'égalité parmi les hommes est
réduite en système, il m'aurait été
bien difficile, je ne dis pas de diriger,
mais de circonscrire le choix de ma
CHARLOTTE, et de la préserver de
la séduction de l'homme le plus vil
par son état, ou sa naissance: L'a-
mour sera toujours démocrate quand
il aura intérêt de l'être. Je n'ai jamais été, mon cher cousin, enivrée
de l'éclat des titres et de la noblesse;
mais je n'aurais pu voir ma fille se
dégrader par une alliance honteuse.
Je crois que cette morale serait ap-
plaudie dans la maison que vous
habitez, et que le Commandeur

redoublerait d'eſtime pour moi. Adieu, mon cher couſin, dites mille choſes pour moi à vos bons et généreux hôtes; et à la Comteſſe, que pour les premières roſes que je ferai, je tâcherai de me rappeler les nuances de ſon teint.

LETTRE XXXII.

—

La Cesse de Loewenstein
a
Melle Emilie de Wergentheim.

Le Marquis eſt parti, ma chère Emilie, et vous ne ſauriez dire le vide
que fait ſon abſence dans la maiſon;
depuis deux jours nous n'avons parlé
que de lui, et mon père même, tout
prévenu qu'il eſt contre les Français,
n'a pu s'empêcher de convenir que
le Marquis avait de l'agrément et de
la ſolidité. Ma mère a pour lui un
intérêt maternel: j'ai toujours, dit-
elle quelquefois, déſiré une fille de

préférence, et je m'en trouve bien; ma Victorine, remplit mon cœur en entier; mais je fens qu'une mère ferait bien heureufe d'avoir ma Vic-torine et le Marquis. Une autre fois en parlant d'âge, elle me dit: il fuffit qu'un mari ait quatre ou cinq ans de plus que fa femme, c'eft la différence qui eft entre le Marquis et vous; et une autre fois encore en parlant de taille, elle me dit, que le Marquis et moi étions, chacun dans notre genre, de la taille convenable; enfin il femble qu'elle foit entraînée, quand elle me parle de lui, à nous comparer, et qu'elle ait l'idée d'un jufte affortiment qu'elle regrette; mais rien n'a été plus frappant que la manière dont elle regarda un jour mon mari qui venait de parler d'une façon peu délicate fur l'amitié. Elle leva les yeux de deffus fon ouvrage,

le confidéra et auffitôt les reporta fur
le Marquis, et enfuite fur moi; que
de chofes il y avait, ma chère Emilie,
dans ces regards fucceffifs, de la furprife, du mépris, une comparaifon à
l'avantage du Marquis, des regrets,
une excufe en quelque forte envers
moi: je vis tout cela, et n'en fis pas
femblant; j'affectai même de n'avoir
pas fait attention à ce qui avait été
dit. J'efpère que nous reverrons
quelquefois le Marquis; la politeffe
lui en fait un devoir; mais je crois
qu'il ne fera pas pénible. Je vous
avoue qu'il me femble depuis fon départ que mon cœur et le peu d'efprit
que j'ai, font des inftrumens inutiles
que j'ai remis dans leur étui. Venez,
ma chère amie, et je recommencerai
un charmant concert. Adieu, j'embraffe bien tendrement mon aimable
Emilie.

B 3

LETTRE XXXIII.

LE MARQUIS DE ST. ALBAN
A LA
DUCHESSE DE MONTJUSTIN.

J'arrive à Francfort, ma chère cousine, et vous êtes absente depuis plusieurs jours ; votre première ouvrière m'ayant dit qu'elle avait occasion de vous faire parvenir demain un paquet, j'en profite pour vous écrire ; c'est toujours un grand plaisir pour moi, et dans ce moment j'ai besoin de vous ouvrir mon cœur. Vous serez surprise que dans un temps où le sang inonde ma patrie et l'Europe, où les malheurs publics épuisent toute la sensibilité,

votre ami ait le cœur rempli de fentimens qui ne devraient naître que
dans le calme et la prospérité ; mais
il faut faire une diftinction : les impreffions paffagères, auxquelles eft fi
facilement ouvert le cœur des gens
heureux, ont pour principe le goût du
plaifir, et ne préfentent que l'idée
d'une préférence fouvent infpirée par
le caprice ; de tels fentimens, j'en
conviens, ne peuvent trouver place
au milieu des plus affreufes circonstances ; mais ceux que j'éprouve ne
font pas de ce genre, ils m'offrent
au lieu de la perfpective du plaifir,
celle de facrifices répétés et de la
plus gênante contrainte. C'eft peut-
être lorfque des malheurs multipliés
ont invité le cœur à l'émotion, qu'il
eft le plus fufceptible de ces fentimens ; les malheureux ont le cœur
plus tendre parce qu'il eft exercé à

ſentir vivement, et plus on eſt iſolé plus on eſt dispoſé à s'attacher forte- ment. Je ne croyais pas, il y a trois jours, qu'il me ſerait ſi difficile de quitter le château de Lœwenſtein; il me ſemblait que je n'avais à re- noncer qu'à une ſociété douce et ai- mable, dont l'habitude peu ancienne, ne devait pas être douloureuſe à rompre; mais en faiſant les prépara- tifs de mon départ, j'ai éprouvé une ſombre triſteſſe qui ſemblait m'ôter les forces; un trouble qui m'empêchait de donner les ordres les plus ſimples. Nous avons été nous promener mer- credi, veille de mon départ, et cha- cun des objets que je voyais, me pré- ſentait l'idée d'une prochaine priva- tion; chaque allée, chaque arbre étaient-ils donc la ſource d'un plaiſir auquel il faut que je renonce? le château de Lœwenſtein eſt devenu

ma patrie. Toute la famille m'a fait
les adieux les plus fenfibles, et la
charmante Comteffe a feule été un
peu froide. Les adieux ont fouvent
cela d'embarraffant, il faut fe faire
effort pour montrer ce qu'on ne fent
pas, ou pour cacher ce qu'on fent.
Hélas! elle n'avait rien à cacher;
mais la préfence d'un mari porté à
la jaloufie, femble quelquefois l'embarraffer. La crainte de rougir fait
rougir, et n'ofant donner l'effor à
fa bienveillance, elle m'a parue mettre un peu plus de réferve que les
autres dans l'expreffion de fes regrets; fon embarras m'a donc privé
des témoignages d'une innocente affection. La contrainte que j'avais
éprouvée à la promenade, et la lumière qui tout d'un coup m'a fait lire
au fond de mon cœur, m'ont fait
prendre la réfolution de partir le

lendemain de grand matin, fans voir perfonne. En me faifant cette violence, je me comparais à un homme condamné qui défire qu'on avance l'heure de fon fupplice. J'ai prétexté un rendez-vous donné à Francfort, qui me forçait à y arriver de très-bonne heure, et je fuis rentré chez moi dans l'accablement du défespoir. Le château de Lœwenftein était, comme je vous l'ai dit, devenu ma patrie, et j'y avais trouvé une nombreufe famille. Hélas! je me voyais de nouveau feul fur la terre. Six heures fonnaient à peine que j'étais monté en voiture, le lendemain matin; en quittant cette maifon où j'ai mené une vie fi douce, j'ai avancé la tête lorsque ma voiture fortait de la cour, pour la confidérer encore, et diriez-vous que j'ai cru appercevoir la Comteffe qui avait entr'ouvert

un rideau d'une fenêtre fur la cour.
Je me fuis auffitôt replongé dans la
fond de ma voiture avec un cri de
douleur, comme fi j'avais vu le fpectacle le plus affreux ; mon fidelle
BERTRAND, qui était à côté de moi,
a été effrayé de m'avoir entendu crier,
et de me voir mettre les deux mains
fur les yeux, comme un homme ac-
cablé de chagrin ; il a cru que quelque
reffentiment de ma bleffure en était
la caufe, et je l'ai confirmé dans cette
idée en lui difant qu'un cahot de la
voiture avait fait faire un mouvement
à mon épaule, qui m'avait fait éprouver une douleur extrême ; cela n'é-
tait pas fans vraifemblance, et il femblait porté à le croire ; mais on voyait
cependant que fon bon fens naturel
n'était pas entièrement fatisfait de
cette explication. Vous ferez peut-
être alarmée, ma coufine, des

tourmens que me prépare un amour
fans espoir; mais j'y ai réfléchi, et
il me femble que l'amour ne rend
malheureux que lorsque habitué à
quelque aliment, il vient à en être
privé, que lorsque enflammé par quelques faveurs, il fe perd dans l'im-
menfité des défirs qu'elles lui ont fait
concevoir; mais privé dès fa naissance de tout espoir, mon amour
fera un culte pur, qui ne peut exciter d'orages dans ma vie. Ces réflexions m'ont occupé une partie de
la route; à la moitié du chemin je
me fuis arrêté dans une auberge pour
déjeuner et faire rafraîchir les che-
veaux; dans cette auberge était un
bon Germain de l'ancien temps; la
candeur, la probité étaient peintes
fur fa figure, et l'on voyait à fon
maintien qu'il avait fervi. Comme
je l'entendis parler Français avec

BERTRAND. J'ai lié converſation avec lui, et il m'a dit qu'il avait ſervi ſous le grand FREDERIC. C'était un homme, celui-là, m'a-t-il dit, et il levait les yeux au ciel d'admiration. Tel qué vous me voyez, Monſieur, il m'a parlé plus de dix fois, et je ne l'oublierai jamais. Une nuit qu'il faiſait bien froid, j'étais à me chauffer, auſſi près de lui que je ſuis là de Monſieur. Je lui dis comme ça, *eh bien! père* FRITZ, *vous nous donnerez de bons quartiers d'hiver.* Il me frappa ſur l'épaule, le grand FREDERIC, oui monſieur, il me frappa ſur l'épaule, et il me dit, il faut encore frotter ces gens-là, et vous ferez content, mon ami, ainſi que tous ces braves gens. Il n'aimait pas l'odeur de la pipe, eh bien! il n'en faiſait pas ſemblant quand il était au milieu de nous. Je demandai à ce brave vétéran ce qu'il faifait. Il me raconta qu'il avait quitté le fervice après la mort de FREDERIC, et qu'il était concierge et fermier d'une petite terre qui était à trois lieues des bords du Rhin. Je me fuis marié, dit-il, avec une femme pour qui j'avais le cœur pris depuis long-temps, et là nous vivons, dit-il, tout doucement. J'ai bien de petits agrémens, je prends tout le bois qu'il me faut dans la forêt; j'ai une bonne baffe-cour, mon potager me donne des légumes en quantité, et comme le maître du château ne vient jamais dans fa terre, le père SCHMITT eft regardé comme le feigneur; il n'y a que l'argent qui manque un peu pour payer exactement le prix de la ferme; ce diable d'argent, il fait tout dans ce monde, et c'eft dommage qu'il foit fi rare; depuis un an je n'en avais pas mal, parce que j'avais loué la moitié du pavillon que j'occupe à un Patriote Hollandais, qui avait quitté fon pays pour toutes ces querelles qui font là comme dans cette France; car perfonne n'eft tranquille aujourd'hui. Ce Hollandais était un bien honnête homme, bien tranquille, ma femme lui faifait fa petite cuifine, je lui abandonnais une partie du jardin qu'il cultivait pour fon amufement, et il était fort content du père Schmitt qui, voyez-vous, ne demande qu'à vivre, et voudrait que tout le monde fût heureux. Notre Hollandais nous donnait pour tout cela cinquante florins par mois, en beaux ducats de Hollande, et comme ils difent, cordonnés; cela mettait beaucoup d'aifance dans notre ménage, et je regrette bien ce bonhomme-là, qui je crois, nous regrette auffi; car il trouvait la fituation de notre maifon et les environs fuperbes, il ne fe laffait pas de les admirer. Toute cette converfation vous femblera peu inté-reffante, mais attendez, ma chère coufine : à mefure que ce bon Alle-mand parlait, je fongeais à fon pa-villon, à fon jardin, à l'embarras où je me trouve pour me fixer quelque part, en attendant un temps plus heureux, à mon goût pour la cam-pagne, aux ennuyeufes affemblées des villes, à la néceffité de jouer pour ne pas être à charge dans les fociétés : toutes ces confiderations fe font préfen-tées à mon efprit, et je me fuis dit : l'habitation du père Schmitt me con-vient, je cultiverai un petit jardin, je me promenerai, je m'amuferai à pein-dre toutes les belles fituations des environs, et j'irai, guidé par la re-connaiffance, une ou deux fois le

mois au château de Lœwenſtein, et
chez l'oncle de la Comteſſe; décidé
par ces raiſons, j'ai dit : monſieur
SCHMITT ſi vous voulez de moi, je
remplacerai votre Hollandais. Je cherche une petite maiſon de campagne ;
tout ce que vous me dites de votre
habitation me plaît fort, et notre marché ſera bientôt fait. Je louerai pour
ſix mois la partie dont vous pouvez
diſpoſer, et vous en compterai trois
mois d'avance. Il a béni la providence
qui m'avait ainſi fait trouver ſur ſon
chemin, et nous ſommes convenus
que dans trois jours j'irais voir ſa
maiſon, et terminer avec lui, ſi elle me
convient. Adieu, ma chère couſine,
cette longue lettre vous eſt un ſûr ga-
rant de ma confiance en votre amitié.

LETTRE XXXIV.

—

La Cesse de Loewenstein

A

Melle Emilie de Wergentheim.

Voici, ma chère Emilie, la copie d'une lettre de mon oncle au Marquis et sa réponse que le Marquis m'a communiquée. Vous verrez la noble façon de penser de mon oncle, et vous apprendrez que le Marquis est établi à une lieue d'ici, et à un quart de lieue du château de mon oncle. Ma mère a parue très - aise de le voir fixé auprès de nous; mon oncle nous a félicitées de ce voisinage dont il se promet

bien, a-t-il dit, de profiter; mon
père a paru affez indifférent à cette
nouvelle. Monfieur de LOEWENSTEIN
a dit : je ne croyais pas qu'il fut affez
riche pour louer une maifon. Appe-
lez-vous cela une maifon, a dit ma
mère ? — Enfin c'eft une habitation,
et il y a bien des Emigrés qui ne fe-
raient pas en état de faire cette dépenfe. Mon oncle a répété plufieurs
fois, affez riche, avec humeur, et a
dit enfuite : je ne fais pas, mon neveu,
pourquoi nous ferions l'inventaire des
miférables débris que le Marquis a
pu fauver de fon naufrage : il a ce
qu'il a; mais s'il a befoin de trois mille
ducats, d'un bel et bón appartement,
et d'un dîner qui en vaut bien un autre,
il n'a qu'à s'adreffer au commandeur
de LOEWENSTEIN. Ma mère a ap-
plaudi de l'œil et du gefte fans dire
un mot, mon père a dit froidement,

les malheureux doivent toujours compter fur mon frère. Grand merci, mon frère, a repris le Commandeur; mais ce terme de malheureux me fait de la peine quand il s'agit d'un homme comme le Marquis : il ne l'eft que trop, malheureux, je le fais bien. Mon mari promenait fes regards fur nous tous, et fes regards difaient, quand on a des parens, quand ils font menacés de perdre un procès ! . . . Pour moi j'ai regardé mon oncle aux premiers mots qu'il a dits, d'un air d'admiration, et de fenfibilité, et enfuite mes yeux font restés fixés fur mon ouvrage. Que dites-vous de cette fcène, Emilie, n'admirez-vous pas mon bon oncle, et ne trouvez-vous pas qu'il y a beaucoup de délicateffe à avoir relevé ce mot de malheureux ? J'embraffe bien tendrement mon Emilie.

LETTRE XXXV.

LE COMMANDEUR DE LOEWENSTEIN

AU

MARQUIS DE ST. ALBAN.

Monſieur le Marquis.

La lettre que j'ai l'honneur de vous
écrire eſt pour me plaindre de vous ;
il n'y a que deux mois que j'ai l'honneur de vous connaître ; mais je croyais
que ce temps avait ſuffi pour vous
donner de moi l'opinion que je crois
mériter ; comme il m'a ſuffi pour
vous rendre toute juſtice. Vous for-
mez le projet de vous établir à la
campagne, et vous ſavez que j'ai un

château où vingt perſonnes peuvent loger à l'aiſe, et vous n'imaginez pas de me donner la préférence ; mais ce n'eſt pas tout, et comme pour me braver, vous vous logez à dix portées de fuſil de mon château. Qu'avez-vous penſé de moi, monſieur le Marquis, en me donnant un tel déplaiſir ? Que penſeront de moi mes voiſins ? Ne feront-ils pas fondés à dire : le Commandeur eſt ami d'un homme de qualité, plein de mérite, il le laiſſe s'établir à ſa porte dans une chétive maiſon, et n'a pas le cœur de lui offrir un appartement chez lui ; eſt-ce le procédé noble et franc d'un homme de qualité, envers un homme de ſa ſorte, que de ne pas s'adreſſer à lui avec confiance, et deviez-vous douter de mon empreſſement à vous offrir tout ce que je poſſède ? Tâchez, monſieur le Marquis de me rétablir dans l'opinion de mes amis et de mes voifins, et vous de vous rétablir dans mon cœur, où vous êtes bien mal. Le feul moyen qui vous refte, c'eft de m'accorder le plus fouvent poffible le plaifir de vous voir; c'eft de venir paffer une partie du temps avec moi, de chaffer fur ma terre comme fur la vôtre, et de faire demander à mes gens tout ce qui peut vous être utile, ou agréable. J'ai l'honneur d'être avec la plus haute confidération,

Monfieur le Marquis,

Votre etc.

LETTRE XXXVI.

—

LE MARQUIS DE ST. ALBAN
AU
COMMANDEUR DE LOEWENSTEIN.

Monfieur le Commandeur,

Je fuis pénétré de reconnaiffance de la lettre noble et touchante que vous m'avez fait l'honneur de m'écrire. Je ferais bien affligé fi j'avais pu bleffer les fentimens que vous voulez bien m'accorder; mais je ne puis être fâché d'une circonftance qui m'a donné lieu de recevoir des témoigna-ges auffi flatteurs de votre amitié. Je

n'avais point formé le projet de m'é-
tablir à la campagne, et je comptais
me fixer à Francfort. Le hafard en
a décidé autrement, et la rencontre
que j'ai faite en route d'un fermier
du château de * * * * *, qui m'a
parlé d'un logement qu'il avait à
louer, m'a déterminé. J'aime beaucoup la campagne, et l'occafion m'a
tenté. Je ne favais pas que je ferais auffi près de votre habitation,
et fi vous aviez été témoin de ma joie
en l'apprenant, j'ofe croire qu'elle
aurait fuffi pour calmer votre colère.
Je profiterai d'un voifinage auffi agréable, le plus fouvent qu'il me fera
poffible, monfieur le Commandeur,
et vous ne vous appercevrez pas
que je n'ai pas le bonheur d'être
logé chez vous. J'uferai auffi de
toutes les permiffions que vous me
donnez, en homme bien convaincu

de vos bontés. Agréez, monsieur le Commandeur, l'hommage d'un cœur reconnaissant, et l'assurance du respectueux attachement avec lequel j'ai l'honneur d'être,

Monsieur le Commandeur,

Votre très-humble et très-obéissant serviteur.

Le Marquis de St. Alban.

LETTRE XXXVII.

—

Melle Emilie
a
la Cesse de Loewenstein.

J'embrasserais de bon cœur votre oncle pour la lettre qu'il a écrite au Marquis, et pour la manière dont il a parlé de lui. Il y a des fruits qui ont de belles couleurs et qui renferment des sucs empoisonnés; les chataignes sont hérissées d'épines et sous cette enveloppe est un excellent fruit; il en est de même des hommes; les dehors les plus agréables, les manières les plus polies ne servent qu'à cacher des vices, tandis que d'excellentes qualités font couvertes d'écorces groffières. Mais votre oncle n'a pas feulement un bon cœur, il a, fouvenez - vous que je l'ai toujours dit, un discernement très - jufte; il arrive avec fon bon fens naturel à des réfultats auxquels des gens de beaucoup d'esprit ne parviennent qu'après bien des circuits, et tout ce qu'ils ont par deffus lui, c'eft de pouvoir en mieux raifonner, c'eft d'être en état de pouvoir démontrer avec plus de lumières; ils ne vont pas plus loin, mais leur marche eft méthodique, calculée, affurée. Votre oncle ne ferait pas du Marquis un portrait qui raffemblât toutes fes qualités et leurs nuances; n'affignerait pas ce qui tient à fon caractère, à fon ame, à fon esprit; mais il dirait en gros, qu'il a de l'esprit, de la nobleffe, et une ame senfible; enfin il a fenti tout cela promptement, comme par instinct, tandis qu'un homme d'esprit, obfervateur, fe rend compte de ce qui le frappe et tire fes conféquences. C'eft pour le coup qu'il dirait bien que je m'embrouille dans mes décompofitions; mais il a tout à gagner en vérité, foit à être décompofé, foit à être pris dans fon enfemble. Je vois d'ici les yeux qu'a faits votre mari, et j'entends les paroles qu'il n'a pas dites. Adieu, ma Victorine.

LETTRE XXXVIII.

LE MARQUIS DE ST. ALBAN.

A LA

DUCHESSE DE MONTJUSTIN.

J'invoque vos bontés, ma chère coufine, vous pouvez me rendre un grand fervice, chaffer de mon esprit la plus cruelle inquiétude, et diriger ma marche dans la plus embarraffante des circonftances. Je vous ai fait la confidence des fentimens paffionnés dont je m'efforçais de contenir la brûlante explofion ; elle eft faite cette explofion, ma chère coufine, malgré tout mon courage, et j'ofe dire malgré un empire furnaturel fur moi - même.

Pendant mon féjour à Lœwenftein, j'avais trouvé le moyen de faire un portrait de la Comteffe, très - reffemblant, d'après un très - mauffadè tableau que vous avez pu remarquer dans le fallon; ce portrait forme un très - joli médaillon, et j'avais écrit au bas ce vers fi brillant, et qui exprime fi bien la fituation d'un homme qui fe débat contre un fentiment violent.

   „Préfente je vous fuis, abfente je vous trouve.“

Mais ce n'eft pas tout; de l'autre côté du portrait, j'avais mis des cheveux de la Comteffe; vous me demanderez qui me les a donnés? perfonne. Il y a quelque temps, qu'étant entré le matin dans fa chambre avec fa mère, je la trouvai à fa toilette, on lui coupait les cheveux, et j'en apperçus un affez gros flocon, fur le

parquet; je laiſſai tomber mon mouchoir auprès, et en le ramaſſant je
pris les cheveux; à peine pus-je rester enſuite quelques minutes dans la
chambre; poſſeſſeur de ce tréſor, je
me hâtai d'en ſortir pour baiſer mille
fois cette précieuſe dépouille. Je reviens au portrait; il était dans ma
poche avant-hier, enfermé dans un
petit porte-feuille, dont la clef s'étant
perdue, j'avais été obligé de briſer
la ſerrure pour y prendre un papier;
le portrait eſt ſorti du porte-feuille,
et en tirant mon mouchoir eſt tombé
de ma poche: en quelles mains eſt-il?
Voilà, ma chère couſine, ce qui m'inquiète vivement. Je n'ai point dor-
mi de la nuit en ſongeant au trouble
que je cauſe peut-être en ce moment
au château de Lœwenſtein; peut-être
fais-je à jamais le malheur d'une
femme dont j'achetterais la félicité

par le facrifice de ma vie. Je ne
puis avoir laiffé tomber ce portrait
que dans le château, ou dans la cour,
en descendant ou montant en voiture;
dans tous les cas il eft au pouvoir de
quelqu'un de la maifon, et fi c'eft le
mari, fi c'eft le père qui l'ont trouvé,
vous voyez tout ce qui peut en réful-
ter de désagréable ou de fâcheux.
Tâchez, ma chère coufine , de me tirer de l'affreufe inquiétude où je fuis.
Je n'ofe retourner à Lœwenftein, je
voudrais favoir toute l'étendue de
mon malheur; le mélange d'espoir et
de crainte produit un état d'anxiété
pire que la certitude du mal. Vous
deviez aller dans peu voir la Comteffe; hâtez de deux jours votre
voyage. Si le portrait eft tombé entre les mains du mari; il aura parlé
au père, à la mère, il aura fait des
reproches à fa femme, et vous verrez

de l'agitation et de la contrainte dans la famille; fi c'eft la mère, elle gardera le fecret; fi c'eft le père il l'aura concentré entre fa femme et lui, la mère aura été chargée de gronder la fille, toute innocente qu'elle eft. Vous verrez en entrant, à la férénité des vifages ou à leur altération, l'état des chofes. Enfin en parlant de moi et de mon projet de venir paffer deux ou trois jours à Lœwenftein; portant en même temps un regard prompt et obfervateur fur la compagnie, vous démêlerez leurs fentimens. Je me conduirai en conféquence de vos apperçus, et je faurai à quoi m'en tenir. Vous ne pouvez pas vous faire une idée du chagrin que j'éprouve, il n'eft plus temps de rien vous cacher; j'aime, fans efpoir, de toutes les forces de mon ame, et je m'étais impofé la loi rigoureufe de concentrer

à jamais une paſſión auſſi vivè que
pure, de ne rendre qu'en ſecret un
culte désintéreſſé à l'objet de mon
idolâtrie ; ſon bonheur eſt ſacré pour
moi, et je ſerais mort plutôt que
de le troubler par un aveu embar-
raſſant pour la plus vertueuſe et la
plus ſenſible des femmes. Mon étourderie découvre tout ce qui était en-
ſeveli au plus profond de mon cœur,
et à qui? à un homme peut-être
assez injuſte pour la rendre res-
ponsable de mes ſentimens, qu'elle
ignore ; pour l'accuſer de les avoir
encouragés ; et c'eſt ainſi que je
paye l'hospitalité généreuſe qu'elle
m'a accordée, et que je reconnais
les ſoins les plus touchans! Partez
donc, ma chère couſine, et puiſſe votre voyage rétablir un peu de calmè
dans mon ame, en me faiſant connaître que le repos de la Comteſſe n'a

pas été troublé par ma malheureuſe
étourderie.

LETTRE XXXIX.

—

LA DUCHESSE DE MONTJUSTIN
AU
MARQUIS DE ST. ALBAN.

Vous êtes né fort heureux, mon
cher couſin, ou plutôt la providence
n'a pas voulu qu'une femme vertueuſe
fût la victime d'un ſingulier concours
de circonſtances qui pouvaient ternir
ſa réputation. Je vous épargne des
réflexions que vous avez déjà faites,
et j'applaudis à toutes les ſages ré-
ſolutions que vous ont ſans doute

dictées la reconnaissance et la probité.
Je viens au fait pour ne vous pas
tenir en suspens : aussitôt votre lettre reçue, je me suis mise en route
pour Mayence, et je suis arrivée un
peu avant l'heure du dîner à Lœwenstein ; on a été surpris de me voir ;
mais j'ai supposé une affaire qui avait
avancé un voyage que je devais faire.
La Comtesse, que j'ai trouvée faisant
sa toilette, a paru fort aise, et m'a
semblé redoubler pour moi d'intérêt
et d'amitié ; sa mère m'a reçue comme
à l'ordinaire, c'est-à-dire, très-
bien ; le mari m'a fait ses grands
complimens accoutumés, et ses ré-
vérences jusqu'à terre, et la belle
phisionomie du Commandeur s'est
épanouie en me voyant. J'attendais
qu'on me parlât de vous ; c'est la
mère qui a commencé, en me de-
mandant de vos nouvelles. Votre

nom prononcé, j'ai parcouru auffitôt tous les vifages, et aucun n'a rien exprimé d'extraordinaire. La mère a fait votre éloge de la manière la plus naturelle ; le Commandeur l'a appuyé par des exclamations, le mari a dit qu'il espérait chaffer avec vous, et qu'il vous ferait voir qu'il favait mieux tirer un coup de fufil que jouer aux échecs. La Comteffe à demandé fi votre logement était un peu commode : il n'eft pas difficile a - t - elle dit. Des militaires, a repris le Commandeur, ne doivent pas l'être ; mais cependant quand on a l'habitude d'être magnifiquement logé pendant la paix, il y a bien des petites commodités dont la privation eft fenfible. Aucune réferve, aucune froideur, aucune affectation, ou regards furtifs fur quelques perfonnes n'ont frappé mes yeux très - attentifs,

tant qu'il a été queſtion de vous;
de là j'ai conclu que le portrait n'a-
vait point été trouvé par le mari, la
mère, ni le père, ni le Commandeur;
mais la Comteſſe, je n'en étais pas
ſi ſûre, et une légère nuance d'embarras m'a ſemblé offusquer paſſagè-
rement cette ame ſi franche, ſi pure,
et habituée à ſe livrer à tous ſes
mouvemens, qu'elle n'a jamais intérêt de réprimer. La converſation
pendant le dîner, et après, s'eſt portée ſur divers objets, et voulant ab-
ſolument éclaircir le fait qui vous in-
téreſſe ainſi que moi, mon cher couſin, j'ai préparé bien adroitement mes
batteries, et enfin voici quel a été le
coup déciſif. J'ai parlé des malheureux Emigrés dont la plupart ſont
ſans reſſources. J'en ai cité qui mon-
traient le Français, la géographie, et
de là je ſuis venue très-naturellement

à parler de mon talent. J'ai tiré une lettre de St. Petersbourg par laquelle on m'annonce une remife de cinq cents roubles pour un envoi de fleurs, ce qui m'a valu des félicitations fur ma fortune et mes fuccès ; enfuite j'ai ajouté : mon coufin ne ferait pas plus embarraffé que moi, s'il était réduit à travailler pour fubfifter ; il a un talent qui eft un peu plus diftingué que celui que j'ai d'arranger des chiffons. J'ai laiffé la compagnie en fufpens fur votre talent, et à l'inftant même, j'ai regardé le plus adroitement qu'il m'a été poffible la Comteffe, et démêlé qu'elle faifait des queftions moins preffantes que les autres pour favoir votre talent. Le Commandeur a infifté fur l'équitation ; un autre a parlé de tourner ; j'ai eu l'air de me divertir de leur curiofité áfin de me donner plus de temps pour juger, et

toujours j'ai remarqué que la Comteſſe était la moins vive dans ſes questions, et la moins variée dans ſes
conjectures: enfin j'ai dit: mon couſin ſait peindre parfaitement, et excelle pour la reſſemblance dans les
portraits. Vous penſez bien que mes
yeux ſe ſont portés vers la Comteſſe;
mais avec tous les ménagemens
poſſibles, avec la plus grande légéreté. . . . . Le portrait eſt entre ſes
mains, et n'a été vu de perſonne
ſoyez en ſûr, mon couſin, et remer-
ciez bien votre bon génie ou plutôt
le ſien qui a corrigé la maligne influence du vôtre. Echappé miraculeu-
ment d'un ſi grand danger, vous re-
doublerez ſans doute de circonſpec-
tion; il ne ſerait pas généreux à moi
de choiſir le moment où je vous rends
un grand ſervice pour vous gronder
et vous faire des leçons. Rendez

donc grâce à la fois et à la nobleſſe de mes ſentimens, et à mon active amitié. Je connais trop votre cœur pour ne pas être ſûre, mon cher couſin, que je vous ai réellement rendu un ſervice ſignalé : plus je vous eſtime et plus je crois à l'excès de votre inquiétude. Sorti de ce mauvais pas, je ne jurerais pas que vous ne vous félicitiez d'une étourdèrie qui a fait connaître à la Comteſſe des ſentimens dont vous n'auriez jamais oſé lui faire l'aveu ; mais à préſent, vous allez déſirer de lui en parler ; de grâce ſongez à votre poſition et à la ſienne. Vous aurez beſoin bientôt de toute votre prudence : le Commandeur veut faire peindre ſa nièce, par vous ; il ſe preſſe de lui donner cette ſatisfaction, et vous jugez que la manière dont on a reçu ſes inſtances a multiplié

les indices, et changé mes conjectures en certitudes. Adieu, je vais
coucher à Mayence où je n'ai rien
à faire; mais je n'ai cependant jamais fait de voyage qui m'ait procuré autant de satisfaction; dormez
bien, mon cher cousin.

LETTRE XL.

—

LE MARQUIS DE ST. ALBAN
A LA
DUCHESSE DE MONTJUSTIN.

Mille et mille-grâces foient rendues à mon adorable coufine; à quoi comparer ma joie? à celle d'un homme qui a engagé toute fa fortune fur un coup de trente et quarante, qui a trente-neuf pour lui et voit arriver quarante. Me voilà foulagé d'un grand fardeau; mais quelle dextérité vous avez développée, ma coufine? quelle habileté vous avez mife dans les gradations de votre converfation?

il n'eft point d'ambaffadeur qui puiffe vous être comparé. Vous avez bien raifon de ne pas me gronder, d'abord par générofité, enfuite parce que vous ne me diriez rien qui ne fe foit préfenté à mon imagination fous la plus noire couleur. Vous aimez la Comteffe; mais je crois, et ce n'eft point hélas! pour me vanter, que je l'aime cent fois plus que vous; j'ai donc été cent fois plus inquiet. Elle m'impute avec raifon l'embarras où elle s'eft trouvée, et réalife les dangers qu'elle a courus pour m'en rendre coupable. Je ne fais comment j'oferai reparaître à fes yeux; encore fi je pouvais lui demander pardon à genoux, mon repentir lui donnerait lieu, je crois, d'exercer cette fublime indulgence qui la caractérife. Inftruite de mes fentimens, ne doit - elle pas me favoir gré de les avoir contenus, jusqu'au moment où elle les a, mal-gré moi, découverts. Adieu, ma chère coufine, il ne me paraiffait pas poffible que je vous aimaffe davantage, et je crois cependant que vous m'êtes plus chère encore depuis quelques heures.

LETTRE XLI.

—

La Cesse de Loewenstein

a

Melle Emilie de Wergentheim.

Je fuis encore troublée, ma chère
amie, d'un événement dont les fui-
tes auraient pu être bien fâcheufes
pour moi, et je reffemble à un
homme, qui, mefurant des yeux l'a-
byme où il a penfé tomber, eft plus
effrayé qu'au moment du danger. Ce
début vous paraîtra tragique; mais
trouverez-vous que je fois exagérée,
lorsque je vous dirai que ma réputation a penfé être compromife aux

yeux de toute ma famille, fans que j'euffe pu me juftifier; que mon mari difpofé, je crois, par tempéramént à la jaloufie, a été au momént de concevoir contre moi des foupçons fondés; enfin que fans le plus heureux des hafards, le repos de ma vie était peut-être troublé pour jamais. Vous allez en juger. Le Marquis eft venu dîner ici aujourd'hui, et nous a fait paffer une journée fort agréable; ma mère elle-même m'a dit quand il eft parti, voyant qu'il était fort tard, c'eft vraiment un enchanteur qui chaffe l'ennui de tous les lieux où il fe trouve, et qui donne des ailes au temps. Un moment après fon départ j'ai vu à terre un petit papier plié, de la grandeur d'un billet, je l'ai ramaffé et l'ayant ouvert, j'ai trouvé . . . quoi? . . . . mon portrait à la mine de plomb!

et de l'autre côté des cheveux, je l'ai mis promptement dans ma poche, et je suis devenue toute tremblante, en considérant monsieur de LOEWENSTEIN qui en était plus près que moi, qui aurait pu me le voir ramasser, et m'aurait fait des questions sur ce qu'il renfermait; heureusement il lisait la gazette, et ma mère, qui aurait pu également me questionner, avait les yeux attachés sur son ouvrage. Je suis sortie à l'instant toute troublée, la rougeur sur le front et les joues brûlantes comme une coupable. Dès que j'ai été dans mon appartement, j'ai examiné ce portrait; il n'est pas possible de s'y tromper, c'est le mien, copié d'après celui du sallon; mais singulièrement embelli; le même ajustement, la même coiffure; mais il faut tout vous dire, ma chère amie, au bas est un vers

célébre de RACINE. *Préfente je la fuis,
abfente je la trouve.* J'ai comparé
attentivement les cheveux qui étaient
derrière le portrait, avec les miens,
il eft évident que ce font les mêmes.
Ah ! quelle imprudence, monfieur le
Marquis, et quel trouble vous avez
penfé exciter ! Jugez donc, ma chère
Emilie, de ce qui ferait arrivé fi ce
portrait avait été ramaffé par mon
mari ; jugez de mon embarras, qui
aurait tourné à ma honte, toute innocente que je fuis. Il doit être
dans des tranfes mortelles de fon
côté ; mais je ne puis les calmer, je
ne puis lui parler du hafard qui a
mis ce portrait entre mes mains ; il
me le demanderait, et la reftitution
ferait un don ; enfin, que je le lui
rende ou non, s'il favait qu'il eft
entre mes mains il s'enhardirait à me
parler des fentimens qui ont guidé

fon crayon. Sans le vers qui eft au bas, on pourrait mettre fur le compte de la galanterie le défir qu'il a eu d'avoir mon portrait ; mais ce vers, monfieur le Marquis, eft plus que de la galanterie : qu'en dites-vous, Emilie ? Malgré fon imprudence, je le plains, il doit être extrêmement inquiet, et me voit peut-être par fa faute, malheureufe pour le refte de ma vie. Je vous avoue que j'avais trouvé le Marquis fort empreffé pour moi, que fes regards me paraiffaient avoir une expreffion de tendreffe ; mais j'attribuais en grande partie fes fentimens à la reconnaiffance, et à un befoin d'attachement que le malheur femble rendre plus preffant, et qui fait faifir le premier objet qui fe préfente. Je répondais à ces fentimens par une fincère affection, et le regardais comme un

frère ; je me félicitais d'une affection
mutuelle et innocente, qui promettait
à mon cœur des jouiffances paifibles.
J'attends, ma chère Emilie, avec bien
de l'impatience votre réponfe. Adieu,
ma chère amie.

LETTRE XLII.

—

Melle Emilie

A

la Cesse de Loewenstein.

Ce que c'eſt que les hommes, ma
chère Victorine, il faut qu'ils influent,
bon gré malgré, ſur notre bonheur,
Eh qui leur demande de la tendreſſe !
et s'ils en ont, ſi nos charmes les
ſubjuguent, qu'ils ſe taiſent quand
nous ne faiſons rien pour les exciter
à nous aimer ! En vérité, je ſuis en
colère contre le Marquis, du danger
qu'il vous a fait courir, et je trouve
qu'il aurait été impoſſible de perſuader à votre mari que ce n'eſt pas vous

F 3

qui avez donné le portrait, et que le vers qui l'accompagne n'eſt pas la ſuite d'une déclaration ; enfin, comment vous juſtifier des cheveux qui ſe trouvent derrière le portrait ? comment perſuader à votre mari, à votre famille que ce n'eſt pas une faveur de l'amour ? Vous êtes bien bonne d'être fâchée de ſon inquiétude, et ne l'êtes-vous pas auſſi de la privation que lui fait éprouver ſon étourderie ? Vous voilà donc avec un adorateur en titre. J'ai bien penſé qu'il ſerait difficile à un homme qui a du goût, de paſſer deux mois dans votre ſociété, dans votre familiarité, et d'en ſortir avec le cœur libre. Il vaudrait bien mieux pour ſon bonheur qu'il ſe bornât à la reconnaiſſance, et à des ſentimens d'amitié qui ſeraient une ſource d'a-gréables jouiſſances, tandis que l'a-mour ne lui offre en perſpective que

des tourmens, du désespoir. Quel
deftin que de ne connaître que les
peines de l'amour, et d'avoir à les
joindre à toutes les privations que
fait éprouver l'infortune! Vous avez
guéri le corps de ce pauvre Marquis,
et vous avez bleffé dangereufement
fon cœur. Je ne plaifante en vérité
pas, ma chère Victorine, et ne pouvant douter qu'il vous aime, je le
trouve fort à plaindre. Il eft bien
facile pour peu qu'on ait quelqu'intérêt à obferver, d'appercevoir que fes
manières avec vous, que fes regards,
quelque foit fa circonspection, tiennent plus à la paffion qu'à ce qu'on
appelle la galanterie Françaife. Vous
conviendrez, fi vous voulez être fincère, que vous penfez comme moi, et
que ce n'eft pas d'aujourd'hui; il eft
même vraifemblable que vous avez
plus de raifon que moi de le croire.

F 4

L'effentiel, eft qu'il fache fe contenir devant vos parens, afin de ne pas troubler la paix de votre ménage. Je ne fuis pas en peine de fa conduite avec vous; il vous refpecte trop pour vous rien dire qui vous embarraffe, et il a tant d'intérêt à fe conferver dans une fociété qui eft pour lui d'un grand prix. Il faut donc que le malheureux aime dans le filence, et fouffre fans fe plaindre: c'eft un trifte fort; mais eft-ce que dans certaines circonftances, on n'eft pas affez fort pour combattre des impreffions dont on fent le danger, et l'amour n'eft-il pas comme la colère, dont on peut fe rendre maitre, fi l'on appaife fes premiers mouvemens. Mais je n'ai pas le fens commun, le Marquis retenu chez vous par fa maladie, et foigné par vous, ne pouvait fe dérober au danger; et l'amour aura pris chez lui, dans les premiers temps, les traits de l'amitié et de la reconnaiſſance; ces circonſtances le rendent fort excuſable, et adouciſſent la rigueur dont je ſuis prête à m'armer pour l'intérêt de ma Victorine; au reſte la rigueur ne m'eſt point naturelle lorsqu'il s'agit de ſentiment, et je ne ſuis pas ſi méchante que je voudrais le paraître. Lorsque je lis un roman, celui qui aime le plus vivement a toujours raiſon à mes yeux. Adieu.

<hr>

LETTRE XLIII.

LA DUCHESSE DE MONTJUSTIN

AU

MARQUIS DE ST. ALBAN.

Le billet que je reçois de vous, mon cher Marquis, s'est croisé avec une lettre que je vous ai écrite avant-hier, et je me suis empressée aussitôt que vos ordres me sont parvenus de les exécuter. Voici donc un très-beau bouquet pour la fête de la Comtesse, composé de tout ce que j'ai de mieux; il y a du jasmin d'Espagne double, entre autres, et des héliotropes qui vous paraîtront, je crois, approcher bien près de la nature, et j'ai

eu soin d'y faire entrer de l'eau de
jasmin et de la vanille, de sorte que
l'odeur jointe à la forme et aux couleurs des fleurs, rendra l'illusion
presque complette. J'espère que vous
me pardonnerez mon amour propre;
il faut bien qu'il trouve un refuge, et
le mien s'est allé nicher dans mon
art de faire des fleurs. J'ai joint un
petit bouquet de grenades, que je vous
prie de donner en mon nom au Commandeur; un autre de pensées pour la
digne et aimable mère de la Comtesse,
et une grosse rose avec un petit bouton pour madame de WARBERG; je
crois que cela est assez ingénieux;
enfin quelques fleurs aussi pour le
père et le mari. A propos de mari,
le hasard m'a mise à portée de savoir
quelque chose qui vous intéresse et
vous fera de la peine; mais il est nécessaire que vous en soyez instruit.

J'ai dîné hier avec fort peu de monde chez un banquier très-honnête et dont j'ai reçu des fervices, auxquels ma délicateffe a feule mis des bornes. On s'eft entretenu après dîner des af-faires de France, et des Emigrés, et à ce fujet le frère du maître de la mai-fon a parlé de vôtre aventure, du bonheur que vous aviez eu de ren-contrer le Commandeur et fa nièce, et de tous les foins qu'ils vous ont rendus. Il a fini par ajouter en riant: un de mes amis qui m'a raconté cette hiftoire, m'a dit : que le mari trouve le Marquis très - reconnaiffant. La compagnie à ces mots s'eft également mife à rire, et quelqu'un a dit: le comte de Loewenstein craint de paffer pour jaloux; mais il eft fi at-tentif à tout ce que dit et fait fa femme, qu'il ferait, je crois, difficile d'échapper à fes obfervations. Perfonne ne fait mieux que moi, ai-je dit, cette aventure de roman; mais il y manque le fond, qui est un beau sentiment; et c'est dommage, car le cadre est parfait. Le Marquis est mon cousin, et le hasard m'ayant conduite pour mon petit commerce à Lœwenstein, chez ses généreux hôtes, il m'a entretenue de toutes leurs bontés, et il ne tarit point dans les effusions de sa reconnaissance; mais elle porte autant, je vous assure, sur la mère que sur la fille, et tout autant sur le Commandeur. Il aurait été surprenant qu'on n'eût pas arrangé un roman sur cet événement, il n'y en a pas qui y prête davantage. Si monsieur le Comte est porté à être jaloux, il peut aisément prendre les expressions d'un homme pénétré de reconnaissance et ses empressemens, pour des témoignages d'un sentiment plus tendre; je conviendrai auſſi, que s'il ne connaît pas les manières galantes des Français, il peut encore être induit en erreur plus facilement. Mon couſin eſt du très-petit nombre des gens de ſon âge, qui retracent cette ancienne galanterie, dont les vieilles femmes regrettent la perte, et qui vient d'une envie générale de plaire, jointe à une grande politeſſe. Perſonne ne pourrait, au reſte, mieux que moi raſſurer monſieur de LOEWENSTEIN, car je connais à mon couſin une grande paſſion qui n'ajoute pas peu au regret qu'il a d'être expatrié. J'ai dit tout cela ſans chaleur et avec une ſorte de négligence. Tout le monde a été de mon avis ſur le ton de galanterie des Français, qui fait ſuppoſer qu'ils ſont occupés de femmes qui ne les intéreſſent nullement. Je vous ai fait amoureux pour dérouter

encore davantage, et vous voyez que
je ne fuis pas fans talent pour le rôle
de confidente. Ne faites pas cependant trop de dépenfe en reconnaissance; la Comteffe eft pour les trois
quarts et demi dans l'intérêt que j'ai
pris dans cette converfation, et dans les
craintes qui m'ont occupée. C'eft une
des perfonnes pour qui je me fuis
fenti le plus de penchant, et il me
femble que je fuis fon amie depuis
plufieurs années; j'ofe me flatter
qu'elle partage mes fentimens, ainfi
que mademoifelle Emilie, par contre
coup. J'ai donc été effrayée pour
fon repos, des discours qu'on tient
fur votre liaifon, et qui peuvent revenir à fon mari, et fachant par vous-
même l'impreffion qu'elle vous a faite,
je tremble des indiscrétions que vous
pouvez commettre, foit par l'expres-
fion de vos regards, foit par des

manières trop empreſſées, enfin de tout ce qui peut déceler la paſſion aux yeux d'un homme attentif et intéreſſé. J'ai été plus loin, et j'ai craint la Comteſſe elle - même; car ſans vous faire de complimens, elle peut bien vous préférer innocemment à tout ce qu'elle a vu, ſans être épriſe de vous, et cette préférence, qui ne tiendra qu'à ſon goût et à ſon diſcernement, peut avoir l'air de venir de ſon cœur ; enfin, à quels dangers n'eſt pas expoſée une femme qui paſſe des journées entières avec un jeune homme pourſuivi par l'infortune, qui, en diſpoſant un cœur ſenſible à l'attendriſſement, ſemble frayer vers lui une route plus abrégée ! Je ſuis rentrée chez moi, mon cher couſin, pour vous faire part, et des diſcours qu'on tient et de mes réflexions : je ſais que vous êtes

fusceptible de paffions violentes ; mais
je connais votre honnêteté : fongez à
votre fituation et à celle de la Comteffe, fi douce, fi paifible, fi éloignée
des orages des paffions. Je fais que
des femmes plus aimables que moi
vous auraient fait un récit plaifant des
inquiétudes d'un vieux comte de *Tun-
der - then - trunck*, qu'elles vous féli-
citeraient du petit amufement que le
fort vous a deftiné, en vous condui-
fant auprès d'une jeune et belle dame
de château ; qu'elles vous inviteraient
à mériter qu'elle vous dife comme cette
dame Allemande, qui trouvait qu'un
prince la preffait trop vivement : *pour
dieu, votre alteffe a la bonté d'être
trop infolente.* Je fuis perfuadée, mon
coufin, qu'au fond de votre cœur vous
applaudirez à ma pédanterie. Adieu.

LETTRE XLIV.

LE COMTE DE * * * LIEUTENANT-GÉNÉRAL DES ARMÉES DU ROI DE FRANCE

AU

MARQUIS DE ST. ALBAN.

J'apprends, monsieur le Marquis, par le plus grand hasard, que vous êtes ici, et ne pouvant me rendre chez vous dans le triste état où je suis, j'ose vous prier de me faire l'honneur de passer chez moi. Je n'ai d'autre titre pour attendre cette grâce de vous, que l'infortune ; mais, Monsieur, elle ne me réduira jamais à faire des demandes indiscrettes ; un

intérêt plus puiſſant m'anime, et ce
ſont vos bons offices, et non des ſecours que j'invoque pour une malheureuſe orpheline digne d'un meilleur ſort: je dis orpheline, car il ne
s'en faut que de peu de jours qu'elle
ſoit privée de mon faible appui. Si
vous daignez lui accorder le vôtre, je
me croirai heureux en quittant cette
vie, et je bénirai le ciel de n'avoir
pas permis qu'elle ſoit tranchée par
le fer des bourreaux, et de m'avoir
préſervé d'une réſolution déſeſpérée,
que la religion m'interdit. Je n'oublierai jamais d'avoir vu quatre malheureux Emigrés s'avancer vers la
Meuſe, ſe tenant par la main, et s'y
précipiter après s'être dit un déplorable adieu. Combien d'autres er-
rent dans divers lieux, pourſuivis par
le beſoin? Combien ſont forcés de
travailler de leurs mains? Il eſt des

hommes qui doivent désirer de vivre,
ce sont ceux qui peuvent encore espérer de venger leur malheureux
maître ; pour moi, qui ne suis plus
qu'un inutile fardeau sur la terre, il
ne me reste plus qu'à mourir. J'ai
l'honneur d'être Monsieur etc.

Le comte de * * *

P. S. La personne qui veut bien
se charger de ma lettre vous indiquera
ma triste demeure.

LETTRE XLV.

LE MARQUIS DE ST. ALBAN
A LA
CESSE DE LOEWENSTEIN.

C'eſt après en avoir conféré avec madame la ducheſſe de MONTJUSTIN, que j'oſe m'adreſſer à vous, et je ne dirai pas pour vous importuner, puiſqu'il s'agit de ſecourir l'infortune et de prêter un appui à l'innocence. Daignez lire la lettre que je joins ici. Elle m'a été remiſe il y a deux jours, et j'ai volé auſſitôt à l'endroit qu'on m'indiquait. Comment pourrai - je vous peindre l'affreux ſpectacle qui s'eſt offert à mes yeux ? un vieux

nègre couvert de haillons m'a fait tra-
verfer une petite cour, où je crois que
le foleil n'a jamais dardé fes rayons;
montant enfuite par un escalier dont
les marches à demi rompues laiffaient
paffer le jour à travers, je fuis arrivé
à une espèce de grenier. Là, j'ai vu,
couché fur un grabat, un vieillard à
cheveux blancs. Près de lui, fur le
bras d'un mauvais fauteuil, était un
cordon rouge devenu feuille morte
auquel pendait une croix caffée; une
jeune fille dans le plus grand déla-
brement était accroupie près d'un
réchaud, occupée à faire chauffer un
peu de bouillon d'herbes, et le nègre, les mains jointes fur fa poitrine,
fe tenait dans un coin levant de temps
en temps les yeux au ciel: je fuis
demeuré interdit un moment à l'aspect et des perfonnes et du lieu.
,,C'eft fans doute monfieur le Marquis

de * * * * à qui j'ai eu l'honneur d'écrire, qui veut bien venir me visiter? — Oui, monsieur le Comte, j'accours à vos ordres, pour vous offrir tous les services qui peuvent dépendre de moi. — Je suis touché, Monsieur, de votre générosité ; mais je suis bien près du terme où l'on n'a plus de recours à avoir que dans la bonté divine. Daignez m'écouter : je vous ai écrit une lettre qui vous a exprimé faiblement, et mes sentimens et ma résignation, et je vais en peu de mots vous expliquer ce qui m'a conduit ici, et ce que j'attends avec confiance d'un homme d'honneur et d'un gentilhomme. Je suis lieutenant - général des armées du Roi, et j'ai soixante - seize ans ; lorsque j'ai appris au fond de ma province que la noblesse se rendait auprès des Princes, pour tâcher de rétablir le meilleur des rois fur fon trône, j'ai confulté mon zèle bien plus que mes forces, et je fuis accouru auprès des Princes avec le peu d'argent que j'ai pu raſſembler au moment : j'ai eu l'honneur de commander la coalition de ma province. Lorsque l'armée a été difperfée, j'ai été obligé de vendre en détail mes chevaux, ma montre, mes boucles, et je fuis venu ici pour y joindre ma malheureuse fille que je favais y être arrivée depuis quelque temps ; je l'ai trouvée expirante dans la plus affreufe mifère, et n'ayant auprès d'elle pour la fecourir que ce brave homme que vous voyez. A ces mots le nègre a fondu en larmes, et s'eft comme traîné vers le Comte, dont il a baifé la main à genoux en répétant d'une voix entrecoupée de fanglots : bon maître, bon maître ; le vieillard était attendri ; mais on voyait qu'il ne pouvait plus pleurer.

Il a repris en difant : ma malheureufe fille, en mourant m'a laiffé chargé de cet enfant que vous voyez, qui en ce moment eft à la fois, et toute ma ressource et l'objet de toutes mes follicitudes pour l'avenir. J'ai reçu quelques fecours d'un honnête bourgeois, feul confident de ma détreffe ; ils suffiront pour foutenir ma faible existence qui ne peut durer long - temps ; mais après moi, qui prendra foin de ma malheureufe petite - fille ? Apprenant que vous étiez ici, Monfieur, j'ai penfé que la providence lui adreffait un protecteur. — Vous ne vous êtes pas trompé, et je répondrai à votre confiance qui m'honore autant qu'elle me touche. — J'achève, Monfieur, j'ai penfé que lorsque le ciel aura difpofé de moi, vous pourriez vous intéreffer pour faire entrer mon enfant auprès de quelque perfonne honnête et charitable; elle a reçu une excellente éducation, et quoiqu'elle n'ait que quatorze ans, elle a des talens et de l'instruction. Voilà, Monsieur, ce que j'ose espérer de votre générosité qui m'est connue, parce que nous avons eu des amis communs. Je l'ai assuré que ses vues seraient remplies dans cette triste circonstance, que je ne croyais pas aussi prochaine que lui. Il m'a interrompu en levant les yeux au ciel, et disant: j'ai vu tomber le trône et l'autel, j'ai vu le meilleur des rois périr sur un échafaud, et la plus intéressante des reines subir un sort non moins affreux, avec plus d'ignominie encore. Comment pourrais-je désirer de rester dans un monde souillé de tant d'horreurs? J'avais à peine la force de parler, madame la Comtesse, et les larmes inondaient mon visage. Il

m'a tendu fa main brûlante de l'ardeur de la fièvre, et m'a dit: je fuis
touché de vos fentimens. Vous pouvez, lui ai-je dit, Monfieur, m'en ré-
compenfer puisque vous daignez y
mettre quelque prix. — Eh comment, Monfieur? — En acceptant
quelques faibles fecours que la fortune me met à portée de vous offrir.
Il s'en eft toujours défendu, et à la
fin, vaincu par mes inftances, il m'a
dit: je m'abandonne à vous, mais
fongez auparavant s'il n'eft pas des
infortunés plus intéreffans à fecourir;
je fens que je n'ai que quelques jours
à vivre, et ceux qui peuvent fournir
une longue carrière, être utiles à
leur patrie, font à préférer. — Il
n'en eft pas, Monfieur, de plus digne
d'intérêt, daignez m'en laiffer le
juge. Je lui ai fait promettre de fe
laiffer transporter dans une maifon

plus commode, et il y a confenti. Je me fuis enfuite approché de la jeune demoifelle, que les fanglots fuffoquaient pendant les difcours de fon père. Votre fort va changer, lui ai-je dit, Mademoifelle, tâchez de vous calmer, et livrez-vous encore à l'efpoir. — Ah! Monfieur, c'eft pour mon papa que je pleure, vous en aurez donc foin, Monfieur? ah je le crois, vous paraiffez fi bon. Cette jeune perfonne, au refte, eft de la figure la plus noble et la plus intéreffante. Pauvre, malheureufe! ... dans fon trifte état cette beauté peut être un malheur de plus! Je me fuis empreffé de les quitter afin de profiter du refte de la journée pour leur chercher un logement; j'ai été affez heureux pour en trouver un convenable, dès le foir le bon vieillard et fa fille ont été décemment logés; j'ai mis auprès de lui une garde, et envoyé chercher un médecin, qui m'a dit en fortant, que le malheureux père n'avait que peu de jours à vivre ; cette fâcheufe idée a empoifonné toute la fatisfaction dont j'avais joui. Quel eût été mon bonheur fi j'avais pu le rendre à la vie ! J'ai fait part à ma coufine de ces triftes détails, elle m'a donné, madame la Comteffe, le confeil de m'adreffer à vous, pour vous demander vos bons offices pour la jeune demoifelle ; elle penfe, ainfi que moi, que vous trouverez du plaifir à la protéger et à la fecourir, et que parmi vos amies, et vos connaiffances, il peut fe rencontrer quelque perfonne qui veuille bien en prendre foin. Enfin le père m'a laiffé même le maître de la faire entrer comme femme de chambre, en changeant de nom.

H 3

Je voudrais bien devoir à une plus heureuſe circonſtance, le bonheur de me rappeler à votre ſouvenir, et je vous ſupplie d'agréer avec bonté l'hommage du plus profond respect, de mon immortelle reconnaiſſance, et de la plus juſte admiration.

LETTRE XLVI.

—

LA CESSE DE LOEWENSTEIN.

AU

MARQUIS DE ST. ALBAN

Quel siècle que celui où nous vivons, monsieur le Marquis, et combien il rassemble d'infortunés et de scélérats, de crimes et d'actes héroïques. La situation du malheureux général que vous avez si généreusement secouru, et celle de sa petite-fille, dévouée si jeune à ce que l'adversité a de plus cruel et de plus humiliant, m'ont vivement touchée, et je vous remercie d'avoir songé à moi pour contribuer à adoucir leur sort. Mon oncle partage

H 4

l'intérêt qu'inspire une auſſi déplorable ſituation ; mais il s'eſt récrié avec une ſorte d'indignation, ſur l'idée de mettre en ſervice la fille d'un homme de qualité. Le Commandeur de Loewenſtein, a - t - il dit, rougirait de dégrader une infortunée en voulant la ſecourir. Il entre en colère au mot de femme de chambre : elle ſera, ſi je le puis, dit - il, fille d'honneur de quelque princeſſe ; et en attendant, il aura ſoin de la placer convenablement dans un couvent de Mayence. Que diraient les Démocrates, a - t - il ajouté, en voyant ces Ariſtocrates, ſi fiers ſuivant eux, borner leur généroſité pour leurs ſemblables à l'offre d'une infâme ſervitude. Je viens d'écrire par ſes ordres à une de mes amies, de retenir une place pour une penſionnaire dans un couvent où j'ai habité pendant un voyage de ma mère

en Westphalie. Mon oncle, monsieur
le Marquis, se charge de tous les
frais nécessaires pour l'installer, et
de pourvoir au payement de la pen-
sion qui est peu considérable ; ainsi, au
moment où elle perdra son malheureux aïeul, envoyez-moi cette pauvre orpheline, et ayez la bonté pour
satisfaire mon oncle, de me faire remettre en même temps tous les ren-
seignemens, titres, brevets qui peuvent servir à constater sa naissance,
et son rang. Mon oncle vous prie de
permettre qu'il s'associe à vous pour
procurer au malade tous les secours
qu'exige son état. Je joins donc ici,
par ses ordres, trente ducats et vingt
autres que nous désirons, ma mère
et moi, être employés à habiller la
jeune personne. Madame la duchesse
de Montjustin voudra bien se charger de ce soin ; mais pour le moment

nous penſons qu'il faut ſe borner à ce qui eſt exactement néceſſaire, parce qu'il paraît qu'elle eſt menacée d'avoir bientôt beſoin d'un habit de deuil. Mon oncle vous prie d'excuſer, s'il ne vous envoie pas une plus forte ſomme en ce moment; mais vous pouvez compter ſur lui pour pourvoir à tout ce qui ſera néceſſaire à la jeune perſonne. Je ſens que vous devez, monſieur le Marquis, éprouver un grand regret d'être obligé de recourir aux autres pour ſecourir des malheureux, et que ce n'eſt pas ce que votre ſituation a de moins ſenſible pour un cœur comme le vôtre. J'eſpère que nous aurons bientôt le plaiſir de vous revoir, et nous pourrons alors arranger tout ce qui concerne votre petite protégée à qui ſes malheurs, et l'intérêt que vous y prenez aſſurent

tous les fervices qui peuvent dépendre de nous. J'ai l'honneur
d'être etc.

P. S. Vous trouverez quatre ducats de plus, que j'ofe vous prier de
remettre à ce bon nègre pour s'habiller, et je fuis perfuadée que vous
ne trouverez pas ce foin au-deffous
de vous.

LETTRE XLVII.

La Cesse de Loewenstein
a
Melle Emilie de Wergentheim.

Vous avez cru, mon Emilie, qu'il ne ferait plus queftion de ce portrait qui m'a caufé tant d'effroi; mais il femble que quelque chofe de fatal foit attaché à cette peinture, elle m'a fait connaître les fentimens du Marquis, hélas! ma chère amie, elle vient auffi de lui faire connaître toute ma faibleffe. En vérité, il y a une deftinée qui fe joue de notre prudence, et nous rend à fon gré innocens ou coupables. Que puis je faire de mieux que de faire fermer ma porte au Marquis, lorsque je fuis feule au château ? et vous allez voir comment cela m'a réuffi. Toute la maifon a été dîner hier chez monfieur de WARBERG, et comme la fociété de fa femme m'ennuie, j'ai pris le prétexte de ma fanté pour refter chez moi : on fait combien j'ai de plaifir à me trouver feule de temps en temps, ainfi mon projet n'a point furpris. J'ai dîné, un livre fur la table, comme vous favez que je fais quelquefois ; il me tenait lieu de convive, et valait certainement mieux que les trois quarts et demi de ceux avec qui j'ai l'honneur de dîner : ce livre était les œuvres de RACINE, que j'ai commencé de relire il y a quelques jours, et que je relis une fois ou deux par an, comme quelques autres bons livres, tels que *Télemaque,*

Tome II. A

LA BRUYERE etc. Après dîner je
me suis mise à travailler, et vers les
cinq heures j'ai été me promener,
avec mon livre et mon chien, après
avoir dit que s'il venait quelque vi-
site pour moi, on dit que je n'y étais
pas. Me voilà dans le jardin, assise
sur un banc qui est auprès d'une petite porte qui donne sur le chemin;
la tragédie de *Phedre* se trouve dans
le volume que j'ai emporté, et je lis
Phedre, à l'endroit où *Hypolite* parle
de son amour, je me rappelle le vers
que le Marquis a mis au bas de mon
portrait, et je ne sais quelle idée me
prend de revoir le portrait et le vers;
je le tire de ma poche et le place sur
une des pages du livre, en continuant
à lire assez haut quelques vers, et
je répétai plusieurs fois d'un ton plus
élevé ces deux vers - ci, qui me frap-
pèrent vivement alors :

„ Vous aimez, on ne peut vaincre
   fa deftinée,
„ Par un charme fatal vous futes
   entraînée. "

J'étais attendrie de la fituation *d'Hy-*
polite, de celle du Marquis, peut-
être ; car je ne cherche à rien diffi-
muler, et quelques larmes avaient
coulé de mes yeux. C'eft dans cet
inftant qu'un petit bruit fe fait entendre, et que mon chien aboie ; je
lève les yeux, et le Marquis fe trouve
près de moi : je fais un cri, je me
lève et mon livre et le portrait
tombent ; le Marquis fe précipite pour
les ramaffer, et voyant ce portrait, il
fe jette à mes genoux, et levant
tour à tour les yeux au ciel et fur
moi, tenant ce portrait entre fes
mains, me demande bien éloquemment
fans prononcer une parole, ce portrait que le deftin femble lui reftituer.

L'émotion que j'éprouvais en lifant la tragédie, l'attitude du Marquis, ma furprife, l'inquiétude me laiffent à peine la liberté de parler. Mes yeux fe rempliffent de larmes, et je ne puis que lui dire de fe lever, et tendre la main pour ravoir mon portrait; il fe jette fur ma main, qu'il ferre, qu'il baife avec transport, et comme hors de lui-même met dans fa poche le portrait. Je ne vous le pardonnerai jamais, Marquis, lui dis-je, avec une extrême vivacité, et c'eft la dernière fois que vous me voyez. Je fais quelques efforts pour le quitter, il s'élance vers moi; le voilà encore à genoux, et il me rend d'un air foumis ce portrait fatal; alors je lui fais des remercimens de bien bon cœur de fa complaifance, et il s'efforce de fe payer en me baifant mille fois les mains. Devenu un peu plus calme, il me raconte qu'on lui a dit au château que je n'y étais pas, et qu'il n'en a pas douté, qu'en s'en retournant, le timon de sa voiture s'est cassé à vingt pas de la petite porte du jardin, et que son postillon a été au village chercher un maréchal pour mettre un lien de fer au timon brisé. Pendant ce temps, a-t-il dit, je suis descendu pour me promener, et ayant vu sortir un jardinier par la petite porte, je lui ai demandé la permission d'entrer, et de me promener en attendant que ma voiture fût raccommodée; à peine ai-je eu fait cinquante pas que j'ai entendu une voix, que j'ai cru reconnaître, et j'ai écouté attentivement; c'était la vôtre, et j'ai distinctement entendu que vous déclamiez des vers; c'est alors que m'étant approché plus près pour voir si vous étiez seule, le bruit que j'ai

fait vous a fait tourner les yeux de
mon côté. Que dites - vous de tant
d'accidens, ma chère Emilie, fi na-
turels, fi peu importans en eux - mêmes, et cependant fi extraordinaires
et fi intéreffans par leur influence fur
moi. La converfation a été fort lan-
guiffante, et ce n'était pas faute de
matière ; le Marquis embarraffé, craignait de parler et ne difait rien ; je
tâchais, pour éviter de le paraître,
de parler de chofes indifférentes. Il
m'a demandé ce que je lifais, et je
lui ai dit que c'était *Phedre* de RA-
CINE : vous voyez, dit - il, dans cette
pièce, que l'amour eft impoffible à
vaincre, et le farouche *Hypolite* a eu
beau fe défendre il a été obligé de
céder ; la raifon peut vous réduire au
filence ; mais elle ne diminue rien de
l'ardeur de la paffion qui femble, à
force d'être concentrée, prendre

encore de nouvelles forces. L'abfence,
a-t-il dit, n'eft pas un moyen d'en
triompher, et ceux qu'elle a guéris
ont prouvé par là que leur cœur était
légèrement affecté. On a dit avec
vérité et fort ingénieufement que
l'absence était comme le vent qui
éteint les petits feux et redouble l'action des feux violens. Il me femble,
lui ai-je dit, qu'il faut commencer
au moins par croire qu'on a quelque
empire fur fes paffions; c'eft un
moyen de s'affurer de leur force, et
de vaincre celles qui n'ont pas le
dernier degré de violence; mais fi
dès les premières impreffions qu'on
éprouve, on eft perfuadé de l'inutilité de la réfiftance; on cédera aux
plus légères atteintes. Je crois donc
qu'il ne faut jamais défespérer du
triomphe de la raifon, et que pour
le faciliter il eft néceffaire d'éviter

I 4

toutes les occasions qui peuvent leur
donner de l'aliment. Je vous avouerai,
mon Emilie, qu'en parlant ainsi je
ressemblais à un poltron qui prêche-
rait le courage, ou à ceux qui chan-
tent la nuit, pour faire croire qu'ils
n'ont pas peur; je tâchais par là, et
de m'affermir moi-même et d'empêcher, par un ton serieux et composé,
que le Marquis ne se livrât à des effusions de sentimens; mais tout à coup
il s'est écrié avec vivacité: il est bien
facile de raisonner ainsi dans le calme
de l'indifférence; je crois avoir autant
d'empire sur moi qu'un autre, et
pendant six semaines, Madame, je
l'ai prouvé ici par mon silence et la
plus respectueuse circonspection; sans
le portrait, vous auriez peut-être toujours ignoré l'impression que vous
avez faite sur moi, et que rien ne
pourra effacer. Je sais que je ne dois

prétendre à aucun retour et qu'aucun espoir ne m'eſt permis, mais eſt-ce une témérité d'aspirer à la compassion ; je vous ai vue les larmes aux yeux, et vous aviez à la main le portrait qui vous rappelait mes ſentimens. Que ne m'eſt-il permis de croire qu'il entrait un peu de chagrin de mes peines, dans ce qui faiſait couler vos larmes ! Dites-moi, Madame, que vous me plaignez, dites-moi que lorsque vous étiez libre, vous n'auriez pas dédaigné l'hommage de mon cœur. Une telle affurance, lui ai-je dit, me paraît devoir ajouter à vos chagrins ; car on eſt plus malheureux encore en ſongeant qu'on eût pu être heureux : vous voulez que je vous plaigne, pouvez-vous douter, quelque ſoit le motif de vos peines, que je ne fois pas fâchée de vous en ſavoir tourmenté. Eh bien ! dit-il,

pourquoi ne pas me rendre ce portrait, et que pouvez-vous me répondre
à ce que je vais vous dire ? Le Commandeur exige que je faffe le portrait de fa chère nièce, et il me fera
bien facile d'en faire un pour moi en
même temps, de mettre au bas tous
les vers qu'il me plaira ; quel intérêt avez-vous donc à ne pas me
rendre celui qui m'a caufé tant d'a-
larmes ? Vous avez eu des preuves
de ma foumiffion, daignez m'en donner de votre indulgence. Il s'eft jeté
à mes genoux de nouveau, avec un
transport qui m'a touchée, et fes instances, et fur-tout la confidération
de la facilité qu'il a d'avoir un autre
portrait, m'ont déterminée, à lui rendre
celui qu'il défirait fi vivement, et qui
dans le fait lui appartient. Il l'a
baifé mille fois avec une inexpri-
mable ardeur, et le ferrant dans fon

porte - feuille : je perdrai la vie avant
que de le laiffer échapper une feconde
fois. Il n'en a pas été plutôt en pos-
feffion que les transports de fa joie
m'ont fait fentir que j'avais fait une
faute, et qu'il ne pouvait fe trouver
fi heureux, que parce que cette res-
titution lui paraiffait volontaire. Plus
il était heureux, plus je fentais que
j'avais eu tort ; mais il n'y avait plus
moyen d'y revenir.   L'on eft venu
l'avertir que fa voiture était raccommodée, et craignant le retour de
mes parens, je l'ai preffé fi vivement de me quitter, qu'il s'y eft déterminé fans difficulté, et je crois
par la crainte de s'entendre rede-
mander le portrait. Il m'a encore
baifé les mains en partant, et a répété d'un fon de voix attendrie : *pré-*
fente je vous fuis, abfente je vous
trouve. Un moment après fon

départ je me fuis rappelée la circonstance des cheveux qui ne m'était pas
revenue à l'esprit, et qui m'aurait
certainement empêchée de céder à
fes plus vives inftances ; mais il n'é-
tait plus temps. Adieu, Emilie,
voilà ma journée ; je mabandonne à
vos réflexions, et à vos confeils.

LETTRE XLVIII.

Melle Emilie
a
la Cesse de Loewenstein.

Ce qui eſt fait eſt fait, ma chère Comteſſe, vous ſavez que je n'aime point à rabâcher, ainſi vous ne ferez point grondée ; je ne gronderais pas même le Marquis, ſi j'étais en droit de le faire ; car enfin il a commencé par vous obéir, et l'argument qu'il a employé était aſſez ſpécieux ; mais je conçois ſa joie, il croit avoir ob-tenu de vous ce portrait, et il croit bien auſſi, être pour quelque choſe dans les larmes que vous avez

répandues, en le contemplant, votre
livre à la main. Je ne vous dirai rien,
ma chère amie, fur votre fituation;
ferait-ce des leçons que j'entrepren-
drais de faire à une femme dònt les
principes font auffi fûrs, et qui eft
pénétrée de respect pour fes devoirs;
à une perfonne auffi éclairée, qui voit
d'un coup d'œil, plus de faces dans
un objet, que moi en le fixant long-
temps; à vous, à qui l'inftinct d'une
raifon fupérieure, fait connaître fi
clairement, et juger fi furement, exprimer fi nettement des chofes qui
s'obscurciffent dans les longs circuits
de mes raifonnemens? Je crois que
vous avez pour le Marquis un attachement plus vif que ne l'exigerait
votre repos; mais votre fageffe en
faura réprimer les élans, et votre
amie feule pénétrera au fond de cette
ame fi pure, et y lira peut-être, des

combats qui ne feront que redoubler
fon eftime. La nature vous a donné
un cœur fenfible; et l'amitié ne fuffit pas pour en confumer l'activité.
Il eft des gens qui prétendent que
chaque être dans l'univers a fon pareil en fentimens, en rapports de
qualités et d'avantages de tout genre,
qu'il ne s'agit que de le rencontrer
pour faire un affortiment complet, et
la plus heureufe union; je crois que
vous avez rencontré dans le Marquis,
cet être afforti à vous par la nature,
et vos cœurs ont volé l'un vers l'autre; mais la barrière infurmontable
des lois et du devoir les fépare, la
gloire du courage vous eft réfervée,
et le contentement qui naît de la vertu, fera le prix d'un pénible combat.
A votre place je tàcherais de m'étourdir fur ma fituation, par la diffipa-
tion; je ferais de fréquens voyages,

je m'appliquerais avec plus d'ardeur au deſſin, je ne lirais aucun roman, aucune pièce de théâtre, et je ferais mes efforts pour être toujours en compagnie. Ce ne ſont point, prenez - y garde, des leçons que je vous donne, mais des avis ſur votre repos, et ce qu'on appelle en médecine, *des remèdes de bonne femme.* Les plus habiles médecins lorsqu'ils ſont malades, en conſultent d'autres bien moins habiles, et cela ſans avoir perdu la tête, parce que dans ſa propre cauſe, nul n'eſt un juge bien intègre; la crainte et l'eſpérance agiſſent trop fortement ſur, nous, lorsque nous avons un grand intérêt, pour laiſſer au jugement l'entier exercice de ſes lumières; mais quand le cœur eſt prévenu, qui peut diſtingüer ſurement les inſpirations d'avec les penſées de l'esprit? LA

Rochefoucault, que vous n'aimez pas, a dit: *l'esprit est souvent la dupe du cœur.* C'est à vous prémunir contre cet enchanteur, que mon amitié, peut être bonne en cette circonstance, et elle ne vous perdra pas de vue un instant. Adieu, ma chère Comtesse.

LETTRE XLIX.

—

LE MARQUIS DE ST. ALBAN
A LA
DUCHESSE DE MONTJUSTIN.

Je me fuis mis à deſſiner, ma chère couſine, depuis quelques jours, et cela m'a fait venir l'idée que je pourrais bien auſſi mettre mes talens à profit, comme mon aimable couſine. Je peins aſſez bien, comme vous ſavez, c'eſt une reſſource contre l'ennui, jusqu'au moment où c'en ſera une contre le beſoin. J'irai à Francfort, pour me procurer tout ce qui m'eſt néceſſaire pour exercer mon talent. Nous nous ferons valoir tous deux, ma

couſine ; je dirai, que j'ai une parente
qui fait des fleurs auſſi belles que
celles que produit la nature, et vous
direz, que vous avez un couſin qui
fait des tableaux charmans, et excelle
à faire des portraits reſſemblans. J'espère que la Comteſſe voudra bien es-
sayer mon talent, et que je ferai
d'elle un portrait qui fera disparaître
de ſon ſallon, ce vilain barbouillage
qui la déshonore aux yeux de ceux
qui la connaiſſent. Je ne parlerai de
mon talent que lorsque j'aurai quelque
morceau à montrer. Il ferait heureux,
ma chère couſine, de commencer par
vous. Le mérite de l'original ferait
valoir le peintre ; ainſi il ne tient
qu'à vous de me mettre en vogue, et
de me faire joliment gagner ma vie.

J'ai été, il y a huit jours, chez la
Comteſſe, que j'ai trouvée liſant *Cla-*
riſſe ; elle laiſſe tout pour cette

lecture, et a déjà paſſé pluſieurs nuits
entières, ſans pouvoir la quitter. Perſonne n'eſt plus digne de ſentir le
le prix de cet ouvrage, que l'aimable
Victorine. Rien n'échappe à ſon esprit, rien ne' manque ſon effet ſur
ſon cœur. Elle m'a dit, qu'elle ne
pouvait parler à préſent de l'impres-
ſion que lui fait *Clariſſe*, que tous
les perſonnages ſont en ſcène ſous ſes
yeux; qu'elle tremble d'achever, et
ne peut s'arrêter; qu'elle a beſoin,
pour en parler, de voir diſſiper le
trouble que lui cauſe cette lecture.
Il me ſemble, m'a-t-elle ajouté,
que ma tête et mon cœur renferment
un chaos d'idées et de ſentimens qui
ſe preſſent et me tiennent en ſuspens.
Il faut que je me remette de l'espèce d'éblouiſſement que j'éprouve.
Dans peu de jours elle aura achevé
de lire ſes ſix volumes en entier, elle

compte que vous lui ferez le plaisir de lui adresser votre sentiment, qu'elle vous a demandé. Ainsi vous voilà engagée dans une dissertation en règle, et j'espère que vous me permettrez d'en prendre lecture. Adieu, ma très-chère cousine.

LETTRE L.

LA DUCHESSE DE MONTJUSTIN
A LA
CESSE DE LOEWENSTEIN.

Le comte de * * *, madame la Comtesse, est mort il y a quatre jours. J'ai fait venir aussitôt chez moi, sa pauvre petite CHARLOTTE. On lui a ce matin, apporté ses habits de deuil, et vous la trouverez, je crois d'une charmante figure. La pauvre enfant ne cesse de pleurer, et de me serrer dans ses bras. Je suis la seule dans l'univers, dit-elle, qui prenne intérêt à elle, et je crois voir une jeune colombe fe réfugiant fous l'aile de fa mère. Que la jeuneffe, que l'innocence ont de charmes! et lorfque la fenfibilité vient les animer, qui pourrait réfifter à leur empire? Je lui ai appris ce que le Commandeur faifait pour elle. Et qui peut l'engager, dit-elle, à prendre foin de CHARLOTTE? Il connaiffait donc mon grand-papa? Non, ma chère enfant, lui ai-je dit; mais c'eft un homme noble et généreux, qui fe fait un devoir et un plaifir de fecourir les malheureux, et fur-tout ceux que diftinguent leurs fervices, et leur attachement pour leur prince. — Si cela eft ainfi, mon grand-papa avait bien des droits à fes bontés; car il a fervi tant que les Français ont été raffemblés, il n'y avait pas de jour, qu'il ne pleurât en fongeant à la mort du Roi. Elle doit partir inceffamment, madame la

Comteffe, accompagnée d'une femme fûre qui la remettra entre vos mains. Comme j'en fuis là de ma lettre, CHARLOTTE, qui était fortie de ma chambre, vient de rentrer avec un papier à la main. C'eft une lettre qu'elle a écrite au Commandeur, et que je joins ici fans être cachetée; elle vous préviendra, je crois, en faveur de cette pauvre enfant; l'idée vient d'elle, et il n'y a pas une phrafe qui lui ait été dictée. Adieu, madame la Comteffe, daignez vous charger de remercier de nouveau le noble et bienfaifant Commandeur, et lui envoyer la lettre de CHARLOTTE.

LETTRE LI.

Mᴸᴸᴱ Charlotte de * * * * *
AU
COMMANDEUR DE LOEWENSTEIN.

Madame la Duchesse vient de me dire que votre excellence daignait prendre soin de moi, et me placer dans un couvent; moi, pauvre orpheline, qui n'aurais jamais cru pouvoir prétendre à vos bontés; mais elle dit qu'il suffit d'être malheureux pour vous intéresser, et dès-lors je puis dire que j'ai bien des droits à vos bienfaits, qui vivront à jamais dans mon cœur. Madame la Duchesse me fait partir après-demain, pour me

Tome II.   L

rendre auprès de madame la Comtesse, votre nièce, qu'on dit bien aimable. Je me trouve trop heureufe, monfeigneur, mais cependant j'ai fur le cœur un chagrin dont je vais prendre la liberté de vous parler. Mon papa avait un nègre qui l'a défendu tant qu'il a pu; il nous a arrachés aux flammes que j'ai vu brûler tout notre château, et aux brigands qui ont maffacré mon père, et je n'oferais vous dire ce que les barbares ont encore fait; car je frémis d'horreur en y fongeant, et je vous ferais trop de peine. Le brave ALMANZOR nous a conduites, ma mère et moi, dans une cave où il nous a gardées deux jours au risque de fe faire maffacrer, et il nous a accompagnées à Francfort. Il me portait, monfeigneur, quand j'étais trop laffe; car nous avons fait plus de foixante - dix lieues à pied. mais ce n'eſt pas tout, nous avons été reduits à la dernière miſère, et diriez - vous qu'ALMANZOR demandait l'aumone, ſans nous le dire, dès que la nuit venait, et qu'il nous a fait vivre deux jours des charités qu'il a reçues. Il n'a quitté ma mère et mon grand-papa qu'à leur mort; puis - je être heureuſe, monſeigneur, quand je ſaurai ALMANZOR, qui n'eſt plus jeune, dans la miſère? Il ne vous en coûtera peut-être qu'un mot, pour placer quelque part cet honnête homme. Pardonnez ma hardieſſe; mais j'aimerais mieux encore être indiscrette qu'ingrate. J'ai l'honneur d'être avec un profond respect,

Monſeigneur,
Votre très - humble et très-
obéiſſante ſervante

CHARLOTTE de *** *
L 2

LETTRE LII.

LA CESSE DE LOEWENSTEIN

A LA

DUCHESSE DE MONTJUSTIN.

Il y a vingt perſonnes ici, ma chère Ducheſſe, et je ne puis quitter que pour un inſtant le ſallon. Le Commandeur a reçu la lettre de CHARLOTTE, il en a été enchanté et l'a fait lire à tout ce qui eſt ici. L'idée m'eſt venue de profiter de la grande compagnie pour faire une quête en faveur d'ALMANZOR, et vous recevrez trente ducats avec cette lettre. CHARLOTTE va pleurer de joye, et pour la rendre tout-à-fait heureuſe, dites-lui que

le baron de STHALLER, dont le concierge vient de mourir, lui donne cette
place ; il sera logé, nourri, ce bon noir
qui a bien peu de pareils parmi les
blancs, et il aura de bons appointe-
mens. Adieu, ma chère Duchesse,
dites à CHARLOTTE que le Commandeur l'embrasse de tout son cœur, et
il me charge de lui dire, qu'elle ne
doit plus se croire orpheline.

LETTRE LIII.

—

LA CESSE DE LOEWENSTEIN
A LA
DUCHESSE DE MONTJUSTIN.

Vous connaiffez, madame la Ducheffe, l'enthoufiasme du Marquis pour *Clariffe*. Je fuis occupée à lire cet intéreffant ouvrage, et mademoifelle de WERGENTHEIM le lit auffi dans ce moment, pour fon plaifir, et afin de pouvoir nous en entretenir enfemble. Vous ne m'avez pas parue entièrement de l'avis du Marquis ; nous voudrions bien, madame la Ducheffe, favoir votre fentiment, parce que nous penfons que perfonne ne peut mieux apprécier

un tel ouvrage. Vous avez une me-
sure de sensibilité et de raison, qu'il
est bien rare de trouver réunies dans
la même personne ; le Marquis a beaucoup d'esprit ; mais mon amie prétend
que pour peu que son cœur soit de
la partie, son esprit ne sert qu'à trouver de spécieuses raisons pour appuyer
ses sentimens. Vous voyez, madame
la Duchesse, que c'est à vous qu'il appartient d'éclairer le jugement de
deux jeunes personnes, qui voudraient
se former une idée juste d'un ouvrage
aussi célèbre. On dira peut-être,
qu'il importe peu de se faire un ré-
sultat exact du mérite d'un roman, et
qu'il faut se contenter de l'impression
qu'il cause, sans s'égarer en vains
raisonnemens, pour savoir si l'on a
raison d'avoir eu du plaisir et d'être
ému ; mais, madame la Duchesse, on
regarde *Clarisse* comme un ouvrage

utile pour la jeuneſſe, et dès-lors, il eſt intéreſſant de ſavoir, s'il ne peut pas induire en erreur et égarer une jeune perſonne, qui ſe croirait juſtifiée par l'exemple de l'héroïne de ce roman. Daignez donc vous prêter à nos déſirs; le grand monde, où vous avez vécu de ſi bonne heure, vous a donné une expérience anticipée, et vous ne la devez pas à l'âge qui refroidit le cœur, et deſſèche même un peu l'esprit, en le dépouillant des fleurs brillantes de l'imagination. Mademoiſelle de WERGENTHEIM diſait il y a quelques jours, en parlant de cette prompte expérience que donne l'habitation d'une ville comme Paris, ou d'une grande cour, qu'elle était pour une femme d'esprit par rapport à celles d'une province ou des villes d'Allemagne, ce que ferait pour un militaire une armée, où l'on eſt toujours

en action, comparée à des garnifons
où l'on fait quelquefois des revues.
Mademoifelle de WERGENTHEIM a
vécu dans des villes de guerre, ainfi
cette comparaifon ne vous furprendra
pas, quoique d'une femme. J'aime à
citer fouvent mon amie qui a beaucoup d'ame et d'efprit; mais je ne
citerai jamais rien d'elle plus volon-
tiers, qu'une application qu'elle vous
a faite d'un paffage d'un auteur ancien, qui dit en parlant d'une femme,
qu'il regarde comme une des premières de fon fexe. *Elle fut hon-
norée dans fa jeuneffe, et aimée dans
fa vieilleffe.* Elle prétend que lorsque
vous ferez parvenue à un âge avancé,
ce paffage pourrait fervir d'infcription
à votre portrait. Nous avons un
grand plaifir à lire vos lettres enfemble, et la difcrétion feule nous empêche de vous preffer de les multiplier;

nous respectons d'ailleurs ces igno-
bles travaux que vous favez ennoblir.
Il y a bien peu de temps que nous
avons le bonheur de vous connaître;
mais de grands malheurs excitent un
grand intérêt qui difpofe à aimer, et
il eft des perfonnes vers lesquelles,
le cœur fe fent entraîné par un invin-
cible attrait. Agréez, madame la
Ducheffe, mon bien tendre attachement, et l'affurance de la plus haute
confidération.

LETTRE LIV.

LA DUCHESSE DE MONTJUSTIN

A LA

COMTESSE DE LOEWENSTEIN.

Je n'ai rien à vous refufer, Madame,
et je vais vous faire part de mon fentiment fur ce roman de *Clariffe*, dont
le Marquis vous a fait tant d'éloges.
Il ne m'appartient pas certainement,
de me faire juge d'un génie auffi
étonnant que RICHARDSON ; mais je
vous dirai ingénuement ce que j'ai
éprouvé, et l'impreffion qui m'eft res-
tée dans l'esprit. Je me fouviens
que lorsque j'eus commencé la première lecture de cet ouvrage, il y a

quatre ou cinq ans, il ne me fut pas
poſſible de m'arrêter, et preſſée d'arriver au dénouement, je paſſai pluſieurs détails; mon intérêt pour l'admirable *Clariſſe* croiſſait de page en
page, et j'étais enchantée de la variété des caractères de tant de perſonnages, dont chacun a une manière
particulière d'être affecté, et des ex-
preſſions qui lui ſont propres; enfin
l'aſſemblage des qualités des deux
acteurs principaux de ce drame ſub-
lime, me paraiſſait ne rien laiſſer de
plus à imaginer à l'esprit humain: en
effet, quel plus raviſſant ſpectacle, que
celui d'un combat engagé entre une
femme d'un esprit ſupérieur, et dont
l'inébranlable vertu n'eſt mêlée que
d'une légère teinte de faibleſſe, néceſſaire pour la diſtinguer d'une ſubs-
tance angélique, et un artificieux li-
bertin, comblé des plus heureux dons

de la nature, et dont les vices font mé-
langés des plus eſtimables qualités, et
revêtus des plus brillantes couleurs!
tels font les adverſaires que l'auteur
s'eſt plu à mettre en oppoſition, et
jamais on n'a mieux proportionné l'attaque et la défenſe; mais ce n'était
que par momens que je réfléchiſſais
aux talens de l'auteur; il disparais-
sait presque toujours, et j'étais au
milieu des acteurs; j'étais au château
d'Harlove, et dans le village où ſe
tenait *Lovelace* pour environner de
pièges l'innocence et la vertu; je
voyais, j'entendais tous ſes miférables agens s'occuper du ſuccès des
affreux complots, dont ils rapportaient
avec admiration la gloire à leur dangereux chef. Je ſuis arrivée enfin,
Madame, le cœur oppreſſé, et fondant
en larmes, comme pour un malheur
réel, à la plus affreuſe cataſtrophe.

Ensuite j'ai véritablement assisté à l'enterrement de l'infortunée *Clarisse*. Le bruit du char funèbre s'est fait entendre à moi, comme à ses parens, et le son des cloches a pénétré au fond de mon cœur. Voilà, Madame, ce que j'ai éprouvé à ma première lecture, que l'intérêt et la curiosité me pressaient d'achever : je ressemblais à un homme qui ayant fait quelques pas en essayant de descendre une haute montagne, est obligé de courir sans s'arrêter, et je n'ai comme lui contemplé qu'au bas de la montagne, l'espace que j'avais parcouru. C'est alors que réfléchissant, je me suis rendu compte de quelques circonstances qui m'avaient arrêtée un moment en lisant, sans qu'il me fût cependant possible, abandonnée entièrement au sentiment, de raisonner et d'approfondir ce qui me paraissait choquer un peu la vraisemblance. J'ai repris le livre, et c'est alors que j'ai pu juger cet admirable ouvrage que je relis tous les ans. *Clarisse* est le plus beau caractère qu'on ait jamais tracé, et il est impossible de mettre plus d'art que RICHARDSON, dans l'assemblage des circonstances qui font entrer une personne si vertueuse, si mesurée dans sa conduite, en correspondance avec un jeune homme, dont on attaque fortement la réputation. Ces circonstances la forcent ensuite à quitter avec lui la maison paternelle, et à se confier à son seul appui ; et quel art n'a-t-il pas fallu pour justifier une telle démarche, aux yeux des personnes les plus sévères ? *Clarisse* a pour *Lovelace* un goût qu'on appelle conditionnel ; mais qui est aux yeux du lecteur un goût positif, et d'un autre côté son séducteur est épris de la plus vive paſſion. Richeſſes, naiſſance, figure, vertu, tout eſt réuni dans *Clariſſe*, et il ne peut trouver un plus grand parti. Les parens de *Lovelace* déſirent cette union, et tout conspire enfin en faveur de *Clariſſe*. Que fait cet homme ſi amoureux ? Il imagine de tenter une épreuve, et de retarder un bonheur qui eſt en ſon pouvoir. J'en demande pardon à RICHARDSON; mais je crois voir un homme dévoré de la plus ardente ſoif, qui s'amuſe à conſidérer ſon verre, qui le tourne et retourne de divers côtés. *Lovelace* veut s'aſſurer, dit-il, s'il eſt une femme qui puiſſe lui réſiſter, et ſa paſſion qui doit l'emporter ſur tout, cède à de vains rafinemens d'amour propre; il ſe propoſe, dit-il, de mettre la vertu à l'épreuve; ſi celle de *Clariſſe* eſt ſolide, elle n'a rien à redouter, et le

mariage fera fa récompenfe, à moins
qu'il ne puiffe parvenir à lui faire
aimer une vie plus libre; quelques
lignes plus bas, il dit qu'il ne veut
pas laiffer échapper cette incompa-
rable fille. Cette conduite eft à mon
fens de la plus grande invraifem-
blance, et il eft impoffible de croire,
qu'un homme amoureux qui n'aspire
qu'à la poffeffion d'un objet aimé,
qu'un jeune homme auffi emporté
dans fes défirs, puiffe être affez maître de lui-même, pour fufpendre à
fon gré leur vivacité, et s'amufer à
éprouver une femme, dont la vertu
n'a jamais été fufpecte, et qu'il regarde comme fupérieure à tout fon
fexe. Une telle patience, une fi fri-
vole occupation font, je crois, incom-
patibles avec l'ardeur d'une violente
paffion; ce n'eft pas tout, il ne perd,
de fon propre aveu, jamais l'idée de

l'époufer, et que fait cet homme or-
gueilleux, qui connaît fi bien toutes
les convenances, qui fe montre fi dé-
licat fur la vertu, et fur la réputation de la femme qui doit porter fon
nom? Il loge celle qu'il deftine à cet
honneur, dans un lieu infame; c'eft
là qu'il la met fous la garde d'une
femme perdue, et l'environne des
abominables fatellites du vice; il leur
fait part de fes projets, et veut devoir à leurs déteftables manœuvres, la
poffeffion d'une jeune fille qu'il adore
et qu'il respecte comme l'ornement
de fon fexe. Il fait qu'il en eft aimé,
il peut l'époufer de l'aveu de fes parens, et contre le gré de la famille
de *Clariffe*, ce qui le met à portée
de fatisfaire à la fois et fon amour
propre et fa vengeance, et il perd
un temps précieux dans la combinai-
fon et l'emploi de miférables artifices;

il peut être enfin au comble de ſes
vœux par ſa poſſeſſion volontaire, et
il préfère d'employer une potion as-
ſoupiſſante, qui ne met entre ſes bras
qu'un inſenſible marbre. Eſt-ce là
la conduite d'un homme paſſionné,
doué d'un esprit ſupérieur et de nobles qualités qui couvrent de leur
éclat ſes dérèglemens, et le font
échapper au mépris ? *Clariſſe*, qui
joint à la plus inébranlable vertu,
une raiſon ſupérieure, doit ſavoir
qu'après le malheur qu'elle a eu d'être
contrainte, en quelque ſorte, de fuir
avec un homme, il ne lui reſte d'autre
parti à prendre que de l'épouſer au
plutôt, et de couvrir du voile du
mariage, une démarche téméraire aux
yeux du public, qui ne peut être
inſtruit des rigueurs exercées contre elle, et voir par quelle gradation d'événemens elle a été entraînée

à fuir de la maiſon paternelle ; mais *Clariſſe* loin de ſaiſir cette planche unique pour échapper à un naufrage aſſuré, ſe livre de ſon côté à de vaines délicateſſes qui l'empêchent de profiter des offres ſincères de *Lovelace*. Son amie, envain, lui repréſente que ſa ſituation exige qu'elle ſoit au plutôt l'épouſe de ſon raviſſeur, de l'homme qu'elle aime, elle retarde de jour en jour, ſans raiſons déciſives, et lui laiſſe le temps d'avoir recours aux plus damnables artifices. A chaque inſtant, à la ſeconde lecture, je m'impatientais contre elle et contre *Lovelace*, et je diſais à l'une épouſez-le demain, à l'autre, épouſez donc *Clariſſe*. Enfin je combattais avec tout avantage, je crois, ſes retards, et ſes irréſolutions, et je trouvais mille moyens pour elle de s'échapper de la demeure du vice, et de ſe

réfugier dans quelque lieu à l'abri
des pourfuites de *Lovelace*. Voilà,
Madame, ce que j'ai éprouvé à la
réflexion, et qui ne m'a pas empêchée
d'achever encore avec plaifir la feconde lecture, parce que les beautés
de détail font infinies. Le rôle de
Clariffe eft fublime, et n'eft pas hors
de la nature ; mais celui de *Lovelace*
me paraît outré. Ses déclamations
et fes empôrtemens fatiguent quelquefois, et des railleries de mauvais
goût viennent fe mêler mal à propos
à des fentimens de défespoir ou d'adoration. Je vous paraîtrai bien har-
die, d'ofer critiquer RICHARDSON ;
mais enfin vous avez exigé mon fentiment, et je vous le foumets, Madame, pour vous prouver et ma dé-
férence à vos volontés, et ma confiance en votre indulgente bonté. Je
finirai par ajouter que je ne crois pas

qu'aucun ouvrage renferme une con-
naiſſance auſſi approfondie du cœur
humain, du jeu des paſſions, de leur
langage, de leurs attitudes, des caractères auſſi variés et auſſi ſoutenus,
des descriptions plus profondes, et
d'auſſi touchantes leçons de vertu.
Adieu, Madame, bien loin de m'accuſer de préſomption, vous devez me
ſavoir quelque gré de mon obéiſſance.

LETTRE LV.

—

Le Marquis de St. Alban
au
Président de Longueil.

Un de mes parens, mon cher Président, le comte de Verville, eſt arrivé hier chez moi dans le plus triſte état ; il s'eſt ſauvé de Paris, après avoir été quatre mois caché dans une ſoupente, chez une blanchiſſeuſe, et de ce miſérable refuge, il entendait presque tous les jours hurler un peuple furieux, à l'aspect des chars funèbres qui conduiſaient au ſupplice les victimes de la Révolution. Il a erré depuis, déguiſé en maçon, en

charretier ; parvenu en Alsace chez
fon beau - frère, il leur a femblé un
revenant ; l'erreur d'un gazetier
avait répandu la nouvelle qu'il avait
péri fous le fer des bourreaux, et fa
fœur ainfi que fon mari portaient fon
deuil, au moment où il l'ont vu paraître.
L'état miférable où il était, a fait fonger à l'habiller promptement, et on l'a
vêtu d'un habit noir qui avait été fait
pour fon propre deuil. Les aventures
chimèriques que racontent les auteurs de romans, ne peuvent furpaffer
celles d'une multitude d'Emigrés.
Mon malheureux parent ne put refter
chez fa fœur, la garde nationale faifait à chaque inftant des vifites chez
elle, et fon féjour expofait la vie de
fa fœur ainfi que la fienne. Le hafard l'a conduit à Francfort où je l'ai
rencontré ; il part pour Duffeldorf,
pour y joindre fa mère, et il s'eft

chargé de vous porter cette lettre, la description qu'il m'a faite de Paris, inspire de l'horreur pour les habitans de cette infame Capitale. Le fang coule à grands flots, et les fpectacles font remplis. L'infenfible Parifien, qui fe rend à la comédie, voit fon char brillant heurter la charrette qui conduit des malheureux à la guillotine, et cette rencontre ne lui fait pas plus d'effet que lorsque nous étions arrêtés pour faire place à un convoi. Le fanatisme du peuple eft à fon plus haut période, et cependant il voit tomber les têtes d'une multitude de gens de fa claffe; chaque jour, la lifte des malheureux immolés fe diftribue, eft affichée et eft remplie de noms de marchands, d'artifans, de cultivateurs, de domeftiques, de cochers de fiacre, et fur la même feuille fe trouvent auffi des nobles, des princes, des ducs, des magiſtrats. La Convention nationale, monſtre altéré de ſang, dévore indiſtinctement, et rien ne peut lui échapper par ſon obscurité, ni l'éblouir par ſon éclat. Les Pariſiens ne parlent que des Romains, dont ils ſurpaſſent par leur barbarie, les horribles proſcriptions ; ils croient que la démocratie eſt le plus beau des gouvernemens, et qu'à l'exemple des Romains, ils ſoumettront tous les peuples par leurs armes ; ils aspirent à plns encore, à les dominer par la penſée, en propageant leur doctrine dans tous les pays. Adieu, mon cher Préſident, que penſez-vous d'un tel état, peut-il être durable, et croyez-vous que la Contre-révolution ſoit auſſi prompte que pluſieurs l'imaginent ? .... agréez mon tendre attachement, et mon respect.

LETTRE LVI.

—

LE PRÉSIDENT DE LONGUEIL
AU
MARQUIS DE ST. ALBAN.

J'ai vu votre parent, mon cher Marquis; il m'a raconté en détail ses malheurs, et fait la peinture énergique de l'état de Paris. Quel temps! quelle ville! Paris, m'a-t-il dit, présente un spectacle atroce, dégoutant; on y voit des corps sanglans et tout auprès, des troupes de libertins et de femmes débauchées; une barbare tranquillité règne dans le peuple, et les plaisirs ne sont pas un seul instant interrompus. Les temples sont profanés, la

N 2

nobleffe, les richeffes, les dignités
font mifes au rang des crimes, et les
domeftiques épouvantés deviennent
les accufateurs de leurs maîtres. La
vertu n'eft cependant pas tout-à-fait
disparue de ce fiècle, et il offre de
grands exemples. Les mères fuivent
leurs enfans fugitifs, les époufes leurs
maris. Les perfonnages les plus il-
luftres font réduits à la plus affreufe
mifère et la fupportent avec fermeté.
Enfin les morts les plus glorieufes
que célébre l'antiquité, n'ont rien qui
furpaffe celles de nos jours. Comment trouvez - vous le récit du Comte
de VERVILLE ? Aucun fiècle, direz-
vous, ne raffemble autant de cruautés,
et une auffi féroce infenfibilité. Eh
bien ! mon cher ami, il y a dix - huit
cents ans que Rome préfentait un auffi
horrible tableau, et ce que vous venez de lire eft la fidelle, fi ce n'eft

l'énergique traduction de ce que dit TACITE.

Tempus ipsa, et jam pace fœvum, discors seditionibus, atrox prœliis, bella civilia, plura externa, ac plerumque permixta: fœdum in urbe atque atrox spectaculum, lacera corpora et juxta scorta, inhumana securitas, et ne minimo quidem temporis voluptatis intermiffæ, pollutæ ceremoniæ, nobilitas, opes, gestique honores pro crimine; terrore corrupti in dominos servi; non tamen adeo virtutum sœculum sterile, ut non et bona exempla prodiderit. Comitatæ profugos liberos, matres seculæ conjuges, supremæ Clarorum virorum necessitates, ipsa necessitas fortiter tolerata, et laudatis antiquorum moribus pares exitus.

Tout se trouve dans ce passage de TACITE, les cruautés mêlées à la

N 3

débauche, la profanation des églifes, la mifère où font réduites des perfonnes du plus haut rang, et leur courage ; enfin des actes héroïques brillent auffi comme du temps de TACITE, dans cette ville fouillée de tant de crimes ; votre parent m'a raconté une action de ce genre qui ferait célébre dans l'hiftoire, et il ne manque à l'héroïne qu'un nom en *us*.

Le comité *de la ruine publique* cherchait depuis long - temps un homme de la claffe des bourgeois, fans pouvoir le trouver ; irrité de l'inutilité de fes perquifitions, il prend le parti de faire arrêter fa femme ; on lui demande où eft fon mari, elle affure qu'elle l'ignore, on perfifte à vouloir lui faire avouer qu'elle fait où il eft, et elle répond toujours qu'elle n'en a aucune nouvelle, on la menace de la mort, et elle perfifte à nier; les espions du comité continuent leurs recherches, et le mari déguisé en femme trouve le moyen de la visiter; il vient chaque jour la consoler et lui apporter tout ce qui peut lui rendre moins fâcheux le séjour d'une prison. Quelque temps se passe, et la prisonnière est amenée devant le tribunal révolutionnaire; elle y subit un long interrogatoire qui a pour objet son mari, et n'avoue rien de ce qu'on désire si vivement; des menaces on passe à l'exécution, elle est jugée et condamnée à mourir le lendemain matin; son mari vient la voir quelques momens après qu'elle est rentrée en prison, elle le reçoit avec un visage calme, s'entretient avec lui comme elle avait fait les autres jours, ensuite feint d'avoir appris que sa mère, qui était à trois lieues de Paris, est malade, l'engage à l'aller voir le lendemain

et à revenir lui en donner des nouvelles le foir; le mari la quitte, ne re-
vient qu'à l'heure convenuë, et ap-
prend que fa femme a péri fous la hâche du comité. De tels exemples con-
folent quelques momens et reconciliént
avec l'humanité.

Vous défirez, mon jeune ami, que
je vous dife fi le régime actuel peut
durer, et fi je crois à une prochaine
Contre-révolution. Il eft bien des perfonnes à qui je ne répondrais pas fur
un pareil fujet. Le zèle fortifié par
les défirs de l'intérêt perfonnel, aveugle la plupart des hommes, et ce zèle
transforme l'examen de l'esprit en incertitude de fentimens, et ne permet
de manifefter que les plus favorables
conjectures. Combien j'ai vu de gens
foupçonnés de démocratie, parce qu'ils
faifaient le calcul des degrés poffibles
de la réfiftance des Français; il y a

peu de temps, qu'aux yeux d'un grand
nombre, celui-là était Démocrate,
qui ne croyoit pas que les Français
s'enfuiraient à l'aspect d'une mous-
tache Autrichienne ou Pruſſienne.
Votre queſtion exige quelques détails pour vous mettre à portée de
juger par vous-même de mon opinion ; car il n'appartient à perſonne
d'exiger une foi aveugle. Il faut
que je poſe les baſes ſur lesquelles
j'appuie mon ſentiment, et cela demande de la réflexion. Je remettrai
donc à vous envoyer ma réponſe dans
quelques jours.

N 5

LETTRE LVII.

—

LE PRÉSIDENT DE LONGUEIL
AU
MARQUIS DE ST. ALBAN.

Il faudrait, mon cher Marquis, une ſagacité d'esprit ſupérieure à la mienne, pour faire ſaiſir les nuances les plus imperceptibles de l'altération d'un ordre de choſes exiſtant; en aſſigner les cauſes, en prévoir les effets; mais il eſt presque impoſſible de prévoir la durée des effets d'un déſordre extrême et général, parce que l'irrégularité des mouvemens égare la vue la plus attentive, et qu'un pays préſente alors l'image d'un grand incendie, qui s'alimente fans ceffe de nouvelles matières combuftibles. Comment alors en fixer le terme et l'étendue? Cependant je vais tâcher, pour vous fatisfaire, de répondre aux queftions que vous m'avez faites fur la durée du régime républicain, et fur l'espoir fondé d'une Contre-révolution prochaine; mais avant d'entrer en matière, je crois devoir jeter un coup d'œil rapide fur les temps antérieurs à l'époque actuelle, afin de faire voir par quelles gradations de fentimens et d'événemens a été établi le plus monftrueux fyftème. Dès qu'on eut publié le catéchisme politique intitulé *les droits de l'homme*, la multitude, à qui l'on ne parlait que de fes droits, a méconnu fes devoirs; cet étrange recueil d'idées métaphyfiques, fur un objet qui exige le développement le plus clair, des idées les plus

simples, a servi de tocsin à la Révolution (*), on a dit au peuple qu'il étoit
souverain, et semblable à un puissant
monarque, il a eu des favoris et des
flatteurs, qui se sont empressés de se
détruire les uns les autres; pour jouir
exclusivement de sa puissance, ils ont
exalté ses fougeuses passions et abusé
de sa force suprême. NERON disait:
je voudrais que les hommes rassem-
blés n'eussent qu'une seule tête, pour
pouvoir la couper. La Révolution a
fait le contraire, elle a composé un
NERON d'une multitude immense

(*) Un homme d'esprit, à qui l'Abbé
SIEYES demandait son sentiment sur cet
ouvrage, lui dit à ce sujet un mot plai-
sant et d'un grand sens : l'ouvrage est excellent, lui dit-il, mais c'est dommage qu'il
n'ait pas paru le lendemain de la création.

d'hommes. **Dans** toutes les révolu-
tions que préſente l'hiſtoire, les peuples ont paſſé de la haine d'un ſouverain cruel et tyrannique, à la haine
de l'autorité pour la limiter ; dans la
révolution de la France, la marche a
été en ſens contraire, le peuple ſa-
tisfait du monarque, auquel il ne pouvait rien reprocher, a commencé par
attaquer le pouvoir ſouverain dont il
n'abuſait pas ; dans les autres révolu-
tions, le ſouverain a fait ſes efforts
pour conſerver ſon autorité et irrité
les peuples par ſa réſiſtance, dans la
révolution Françaiſe, le monarque a
enhardi la multitude par ſa condes-
cendance à ſes déſirs ; et s'eſt fait en
quelque ſorte ſon complice contre ſes
propres intérêts. Les paſſions, c'eſt-
à-dire, la vengeance et la haine ont
été les principes des autres révolu-
tions, et leurs auteurs ont été enſuite

amenés à former un fyftème de gouvernement ; on a commencé en France
par former un fyftème qui a ouvert
un vafte champ aux plus violentes
paffions. Le péuple Français, extrême
dans fes idées et féduit par fes orateurs, a regardé le pouvoir du monarque comme une ufurpation de fes
droits, et a voulu être fouverain.
Ses repréfentans ont projeté une
conftitution dont ils ont tracé quelques
articles, et ce qu'aucun tyran n'a imaginé, ces étranges législateurs ont
exigé du peuple, à deux reprifes, de
jurer fidélité et obéiffance à une cons-
titution qui n'était pas achevée, d'être
foumis à des lois qui n'étaient pas
même encore dans la penfée des législateurs. Depuis la translation du
Roi à Paris, il n'y a pas eu de gouvernement, et celui que l'affemblée
conftituante avait incomplétement

formé, semblait, attentivement con-
sidéré, être un échafaudage d'états
fédératifs ; en effet, chacun des 83 départemens avait une organisation
complète, sans être, pour se mouvoir,
déterminé nécessairement par une
impulsion supérieure. Chacun de ces
départemens pouvait donc s'isoler et
former des associations sans aucun lien
de dépendance. Le monarque était
réduit à un rôle passif, et tout le
royaume était au contraire dans une
perpétuelle action ; les municipalités
étaient composées de neuf cents mille
citoyens, et les assemblées primaires,
et les quatre - vingts - trois assemblées
de département, mettaient en mouvement des millions de citoyens.
Ce qui distinguera à jamais la révolution Française, et servira en même
temps à expliquer la rapidité de son
mouvement, et le degré d'effervescence

et de fureur qui a embrafé électrique-
ment les esprits, c'eft la formation
de l'affemblée des *Jacobins*. Il eft
inoui qu'il y ait en même temps une
double affemblée, ayant fes orateurs,
fes fecrétaires, prenant fes délibérations au milieu d'une foule de fpectateurs, traitant enfin à l'avance de
toutes les queftions de la législation et
de la politique extérieure, et des diverfes parties de l'adminiftration. Le prétexte de former l'esprit public fit in-
venter cette affociation inouïe; qui
eut bientôt dans tout le Royaume des
affiliations, et ufurpa le fceptre de
l'opinion. Elle hâtait ou retardait la
marche des affaires, et donnait le fignal
des vengeances. Ses délibérations
proscrivaient les hommes juftes et
éclairés, ceux qui avaient une fortune
et un rang qui leur faifaient craindre
un renverfement général, et purifiaient

de tout crime les êtres abjects et flé-
tris, auxquels les témoignages d'un
zèle fanatique ouvraient la voie des richeffes et des honneurs. Un enfemble
effrayant de moyens, s'eft trouvé
réuni dans la fociété des Jacobins, par
la précifion de volonté qui eft réfultée
de la plus prompte communication de
leurs fentimens dans les provinces,
et par l'exécution rapide de leurs dé-
cifions : cette affemblée était un puissant lévier, qui faifait tout mouvoir
au même inftant dans le Royaume, à
mefure que la foibleffe de la réfiftance
et la mobilité impétueufe de l'esprit
Français, prêt à tout adopter, ont enhardi la faction des Jacobins, et étendu l'horizon de leur plan deftructeur.
Ils ont conçu bientôt l'idée d'abattre
l'arbre de la Royauté, dont la conftitution n'avait que coupé plufieurs
racines. La Convention nationale

fubftituée à l'affemblée Conftituante, et à celle appelée Légiflative, s'eft occupée fans relâche de ce plan, et du projet d'un attentat fans exemple. MARIE STUART était criminelle; mais fon jugement était illégal. Celui de CHARLES I, tout atroce qu'il eft, avait un prétexte dans l'extenfion que ce monarque avait tenté de donner à l'autorité royale, et les plus fortes atteintes portées à la liberté et à la propriété; mais il n'y avait pas d'exemple de l'affaffinat juridique d'un monarque fans vices et fans paffions. La monarchie fut enterrée avec l'infortuné LOUIS XVI, la République proclamée, et bientôt après fut inventé le gouvernement Révolutionnaire. Le defpotifme de la Convention laiffait fubfifter des formes de procéder. La liberté, la propriété individuelle étaient en apparence

respectées par cette affemblée ; mais
fous le gouvernement Révolutionnaire,
l'arbitraire fut établi en loi, l'injus-
tice fut confacrée : *jusque datum fce-
leri.* Alors le foupçon fut établi en
preuve, et la modération inscrite au
rang des plus grands crimes. Enfin
l'avidité et la haine firent disparaître
tout fentiment d'humanité. On effaye
tous les jours de combler l'abyme que
creufe la plus effrénée prodigalité, par
la dépouille de nouvelles victimes,
et la terreur étant devenue le feul
moyen de gouverner, l'homme fub-
jugué par ce fentiment, ferme fon cœur
à toute affection, qui lui ferait partager les dangers d'un autre, à la
compaffion même, dont les plus légers fymptômes paraîtraient une im-
probation de la tyrannie ; circonfcrit
dans le fein de la converfation, il
ne fait que garder le plus profond

filence, ou multiplier les témoignages d'un zèle hypocrite pour tromper l'œil vigilant des tyrans. La prétendue République eft foumife à un tribunal despotique appelé *comité de falut public*, et ce tribunal, affervi à un féroce despote dont il fuit aveuglément l'impulfion.

Tout gouvernement eft fondé fur la juftice, comme toute religion fur une bonne morale, et dès qu'on s'éloigne de cet immuable principe pour y fubftituer celui de la crainte, on erre fur une mer fans rivage, la terreur a befoin d'être fans ceffe entretenue, et la cruauté qui n'eft, pour ceux qui gouvernent, qu'un moyen de fatisfaire leurs paffions, devient un principe politique, et le feul reffort du gouvernement. Dès-lors on ne fait plus où s'arrêter; le nombre des victimes doit s'accroître de jour

en jour, et fi l'on fuppofait la durée
d'un pareil régime, la Convention
finirait par régner fur un défert.
L'obscur et vil tyran de la France,
femblable à ces animaux qui fortent
de leur antre pour défoler un pays,
doit fuccomber, foit fous les coups
d'une main vengereffe, comme MARAT,
foit par la hâche des bourreaux qu'il
laffe; mais il peut auffi s'élever fur
des monceaux de cadavres à la Dicta-
ture, et fous-le nom de Protecteur
ou tout autre, tenir feul pendant
quelque temps les rênes du gouvernement. Si cet infame tyran expire
par un affaffinat, ou eft immolé par
la haine de fes rivaux de pouvoir, le
gouvernement appelé Révolutionnaire
fera à l'inftant remplacé par un régime modéré. Ceux qui opéreront cette
révolution s'empfferont d'arrêter
l'effufion du fang, et plufieurs dont

les mains en feront encore teintes, feront les apôtres *du modérantisme,*
après avoir été les confeillers et les
agens *du terrorisme.* Si au contraire,
le tyran parvenait à ufurper le fouverain pouvoir, il ne pourrait le conferver que par les mêmes moyens
qu'il l'aurait acquis; qui peut dire
le temps que durerait ce monftrueux
pouvoir? CROMWEL tout grand homme
qu'il était, et bien moins barbare,
CROMWEL, qui fut couvrir d'éclat fes
crimes, et faire respecter fa nation
plus qu'elle ne l'avait jamais été, tou-
chait, au moment où il eft mort, au
terme de fa puiffance. Le fcélérat
qui croirait en France fuivre fes tra-
ces, durerait bien moins dans le pofte
fuprême où il fe ferait élevé; mais
combien deux ou trois ans font un
long espace de temps, quand l'effroi
et la douleur en marquent tous les

inftans! voilà le poffible; le vraifemblable eft que le monftre, qui gouverne, ne pourra échapper au fer
d'un affaffin ou à la hâche qui ne
peut s'émouffer dans fes mains. Sa
mort ferait le terme du régime révolutionnaire, mais ne fera pas peut-être
celui de la démocratie; peut - elle
s'établir fur des bafes durables? C'eft
dans l'hiftoire des anciennes républiques, c'eft dans l'examen des différences prodigieufes de mœurs, de
temps et de lieux qu'on peut trouver
la folution de cette queftion. La démocratie n'a jamais exifté que chez
des nations peu nombreufes, où le
peuple pouvait s'affembler fréquem-
ment, et une grande partie de ceux
qui habitaient ces pays était com-
pofée d'esclaves; il en réfultait que
la populace était moins nombreufe;
les ufages et les mœurs rapprochaient

toutes les claffes des citoyens, et te-
naient de la fimplicité caractériftique
des premiers peuples. On voit dans
Theophraste, les citoyens d'Athènes
aller eux-mêmes acheter de la viande,
des fruits, des légumes, et les rapporter dans leurs maifons. Les rouìa-
ges de la machine politique étaient
peu nombreux en raifon de la moindre
quantité d'habitans. Le territoire
était circonscrit; les divers gouvernemens de la Grèce fe prêtaient un
mutuel fecours pour fe défendre de
l'invafion; mais enfin, ces démocraties
reffemblaient - elles au barbare et chimérique gouvernement que les Français ont imaginé? Non certes; car il
n'y avait pas d'égalité; la nobleffe et
la naiffance étaient confidérées des
citoyens comme un grand avantage,
et Alcibiade, tantôt adoré et tantôt
perfécuté par une multitude aveugle,

était fort au-deſſus des autres citoyens; brillant de tous les dons de
la nature, il réuniſſait la double Aris-
tocratie des richeſſes et de la naissance. Les orateurs démagogues, pré-
ſentent au peuple l'exemple de la
république Romaine, triomphante pendant trois ſiècles; mais peu inſtruits
des reſſorts de ce gouvernement et des
différences des temps et des mœurs,
ils ne voient pas que c'eſt à la force
de la puiſſance exécutrice qu'il devait
ſes ſuccès; que le conſul ſubſtitué
aux rois était un véritable monarque,
et qu'à meſure que le tribunal, qui
était le principe et l'appui de la démocratie, a pris de la conſiſtance,
Rome a été livrée à une guerre intes-
tine; mais ſi les Romains ont paſſé
de la monarchie à une république,
peut-on croire que ce changement
de régime eût été poſſible dans les

temps où Rome regorgeait de riches-
ses, où le luxe avait corrompu tous
les esprits, où les riches n'étaient
occupés que de jouir, où le peuple,
devenu la plus vile populace, ne demandait qu'à être nourri fans travail,
et amufé par des fpectacles ? C'eft
lorsque les Romains étaient pauvres
que la république a été établie, et
les hommes les plus vertueux en ont
été les fondateurs. Les anciens Romains n'ont pas été pauvres parce
qu'ils étaient vertueux, mais vertueux
parce qu'ils étaient pauvres. Les
Français diront fans doute qu'au fein
du luxe et de la molleffe, le feu divin
de la liberté a épuré leurs ames;
qu'au milieu des richeffes, et dans
une Capitale, qui égale Rome pour la
corruption, ils développent le plus
grand courage, et que la liberté a eu
de nombreux martyrs. Quelle preuve

réfulté de ces élans aux yeux de l'obfervateur éclairé? qu'ils font vivement épris de la liberté. Ah! croyons-
en l'expérience et la raifon, elles
atteftent que les vertus ne font point
ifolées, et celui-là, ne peut aimer cette
liberté qui a été la chimère des peuples anciens et peu avancés, qui
s'abandonne à tous les excès, qui
viole les propriétés, immole fes femblables, pour les dépouiller de leur or,
et court le prodiguer en débauches.
Laiffant les harangues pompeufes
d'orateurs revêtus de marques hypo-
crites, et ces motions dans lesquelles
l'esprit et le talent de jour en jour
plus exercés, parlent avec art le langage de la vertu, interrogez, dirai-je
aux Français, les mœurs des apôtres
de la liberté. Me citerez-vous MI-
RABEAU, que fes vices avaient conduit de prifon en prifon, condamné

à périr fur un échafaud, fubfiftant d'emprunts, errant de contrée en contrée pour fe fouftraire à fes créanciers et au glaive de la loi, faifant des libelles pour fournir à fes débauches; MIRABEAU interdit comme diffipateur, mis au rang des législateurs de la nation par la plus vile populace, enivré de nobleffe et fe confondant parmi le peuple, preffé par la foif de l'or et par la manie de la célébrité? Citerez - vous le duc d'ORLEANS, réputé immoral dès fa jeuneffe par les hommes les moins fcrupuleux, également dégradé par fes débauches et par fa cupidité, et n'ayant du Régent fon aïeul, que les vices. *Scorta et feminas volvit animo, et hæc principatus premia putat.*

Croit-on que la religion chrétienne eût pu s'établir, fi fes fondateurs avaient eu les mœurs du pape ALEXANDRE VI?

Les Républicans méprifent le gouvernement Anglais, et le roi d'Angleterre leur paraît trop puiffant, il y a des nobles, et le peuple n'a pas affez d'influence. Cependant le gouvernement Romain et celui des Anglais font les feuls qui ayent dû leurs fuccès et leur grandeur à leur conftitution; les autres ont dû leur plus grande prospérité à ceux qui en ont tenu les rênes; mais l'art d'attacher les hommes au régime qui les gouverne, et de le renforcer par leurs efforts, quoique fouvent en fens contraire en apparence, n'a été le partage que de ces deux peuples. C'eft ainfi que le pont de CESAR (*) fur le

---

(*) Les poutres enfoncées dans le lit de la rivière, ne font point à plomb; celles qui font dans la partie fupérieure font pliées

Rhin était conftruit de manière que plus le fleuve était violent et impétueux, et plus le pont fe renforçait et s'affermiffait.

Je vous ai prouvé, je crois, que la démocratie ne pouvait former pour la France un gouvernement durable ; votre autre queftion confifte à favoir fi la Contre - révolution doit être regardée comme prochaine ; elle était vraifemblable l'année paffée, et elle était faite, fi les armées étrangères étaient entrées en campagne trois mois plutôt, fi elles avaient été auffi fortes en nombre qu'on l'avait annoncé, fi les commandans des places, fur lesquels on comptait, n'avaient pas été déjoués par le retard de l'arrivée

---

au cours de l'eau, et celles de deffous à rebours.

des troupes, et l'indiscrétion qu'on
a eue de fe vanter de leurs réfolutions.
Si les armées Françaifes avaient enfin
paffé en partie dans le camp Pruſ-
sien, comme on s'en était flatté. Tout
cela a manqué, les Français fe font
aguerris, l'entrée des troupes étrangères fur leur territoire a exaspéré les
esprits, et le gouvernement a mis à
profit ce reffentiment pour trouver
des défenfeurs. Il eſt une vérité re-
battue, c'eſt que la Contre - révolution
ne peut fe faire qu'en France, et
pour juger fi elle eſt prochaine, il
faut examiner la difpofition des esprits. Parmi les habitans de Paris,
faibles, légers, indolens la plus
grande partie, les gens riches ou
aifés défiraient intérieurement, l'année paffée, le retour de la monarchie,
pour affurer leur fortune; mais ils
craignaient la tranfition, et femblables

P 4

à ces malades, qui ne peuvent supporter l'idée d'une opération douloureuſe qui doit les ſauver, ils ſe fami-
liariſaient avec leurs maux. L'abon-
dance paſſagère que produiſaient les
aſſignats, le luxe et les plaiſirs les
endormaient près du volcan dont l'ex-
ploſion était prochaine. Aujourd'hui,
ſtupides de terreur, ils attendent
comme de vils animaux qu'on les
conduiſe à la mort. C'eſt une choſe
remarquable dans la Révolution, que
le courage paſſif et là réſignation,
tandis que rien n'eſt plus rare qu'un
courage actif et entreprenant. Des
gens riches, il faut paſſer aux claſſes
inférieures dont les diſpoſitions ſont
différentes; on ne peut ſe diſſimuler
que les hommes qui les compoſent
ont dû être, en général, favorables
au maintien du régime républicain;
ils ſont flattés d'une égalité chimérique,

ils s'enorgueilliffent d'avoir part aux
affaires publiques, et de voir choifir
parmi eux les commandans des armées, les miniftres et les repréfentans de la nation. Ils font expofés
à la vérité dans la lutte des diverfes
factions, à être victimes de celle qui
domine, et le fang des Démocrates
n'eft point épargné; mais l'atroce
fyftème de la terreur leur paraît un
orage terrible et paffager, et ils fou-
pirent après fa fin pour jouir en paix
des avantages d'un régime qui rétablit
l'homme dans fes droits; et il n'en
ferait pas de même fi la royauté n'était
devenue un être abftrait pour eux;
fi dans quelque partie du royaume, il
exiftait un roi qui fixât les regards.
C'eft un axiome en philofophie que
l'objet meut la puiffance, et la vérité
de cet axiome fe confirmerait, on par-
lerait de ce roi, on en citerait des

P 5

traits de bienfaisance, de grandeur d'ame, et ces récits exciteraient l'enthousiasme; chaque jour la crainte des barbaries démocratiques, la mobilité du caractère Français, le souvenir ranimé des anciens temps, rameneraient aux pieds du roi des sujets repentans et soumis, et l'horizon de son royaume s'étendrait par la soumission successive de plusieurs provinces à l'autorité légitime. Il faut aux hommes des individus qu'ils puissent aimer ou haïr, et si l'on suppose HENRI IV. hors du royaume, et sans moyens d'agir, les GUISES usurpaient incontestablement sa couronne. Il est inutile de parler des dispositions de la Convention, elles sont faciles à juger d'après ses intérêts, et ils consistent à maintenir un ordre de choses qui seul peut couvrir ses excès, seul, les absoudre des plus grands attentats.

Ces détails vous prouveront, je crois de plus en plus, que c'eſt en France que peut s'opérer la Contre-révolution, et que le ſyſtème atroce qui règne, doit favoriſer le retour à l'ancien régime; mais qu'il faut offrir au peuple une bannière ſous laquelle il puiſſe ſe rallier. Les armées étrangères peuvent amener cette favorable circonſtance; mais ce n'eſt pas en ſe bornant à agir ſur les frontières, c'eſt en ſe portant dans l'intérieur, dans la Capitale, s'il eſt poſſible; c'eſt en formant dans la France un établiſſement; en diſant: *c'eſt ici la véritable France.* Là, ſe rendraient les princes, la nobleſſe et le clergé; là, on appellerait tous les amis de l'ordre et de la juſtice. Qu'on juge par les efforts qu'il faut employer pour l'armée de la Vendée, compoſée de gens mal armés, de payſans, d'ouvriers n'ayant ni chefs accrédités, ni artillerie, des progrès que ferait une armée de gens valeureux, et fi vivement intéreffés au rétabliffement de l'ordre.

Un tel plan eft peut‑être au moment d'être réalifé, et les plus favorables circonftances fe joignent à ce que j'expofe ; les Anglais font maîtres de Toulon, Lyon eft en infurrection. La prife de Toulon a porté la terreur dans les esprits, et fi les Anglais peuvent s'y maintenir, et les armées de terre fe renforcer ; fi les Princes et les Emigrés fe rendent à Toulon, et cela paraît poffible au moyen de la flotte Anglaife, la Provence peuplée d'hommes paffionnés et mobiles fera dans peu foumife. Les montagnes qui s'étendent d'Aix à Toulon offrent des camps inexpugnables, et bientôt de Toulon à Lyon il n'y aura qu'un feul fouverain. Si cette réunion

d'heureuſes circonſtances eſt ſans effet, on ſe battra au dehors, on prendra des villes de part et d'autre, les
ſuccès ſe balanceront, les Français
triompheront ſouvent à force de prodiguer des hommes, et par leur nom-
breuſe artillerie; alors quel espoir
peut reſter ? Celui d'une inſurrection
en faveur du jeune roi, qui peut être
déterminée par l'or des Anglais. Une
grande partie du peuple pourrait ſe porter au *Temple*, proclamer Louis XVII,
et ſi à la tête de cette inſurrection ſe
trouvait un homme qui eût du génie
et de la valeur, la contre - révolution
ſerait opérée, et bientôt affermie par
l'adhéſion de quelques provinces et
l'appui des armées étrangères. Si
l'on ne profite pas de la ſurpriſe de
Toulon, ſi l'on n'opère rien de déciſif, ce ſera de l'épuiſement des Français, prodigues d'hommes et d'argent,

du discrédit néceffaire de leurs as-
signats, et de la difette que doit oc-
cafionner l'interruption du commerce,
qu'il faudra attendre un autre ordre
de chofes. Il n'eft point de puissance humaine qui puiffe foutenir un
papier monnoie. L'Amérique fans
luxe, et dont les habitans avaient des
mœurs ; l'Amérique, animée d'un véritable patriotisme, et qui n'avait pas
à faire des dépenfes comparables à
celles de la France, n'a pu empêcher
la dépréciation abfolue de fon papier.
La France a multiplié le fien et le
multipliera à l'infini, parce que fon
caractère eft d'abufer de tout. La
terreur aujourd'hui foutient feule les
affignats, au moment où ceffera cet
affreux fyftème, où la loi tyrannique
et deftructive du *maximum* fera abo-
lie, la décadence des affignats fera
extrême, et le numéraire de la France

étant enfoui, ayant disparu entièrement de fon fein, il ne lui reftera
aucune reffource; elle préfentera alors
un exemple unique dans l'hiftoire,
celui d'un grand peuple qui aura con-
fumé fon propre pays, facrifié la jeuneffe qui devait renouveler les races
actuelles, détérioré fon fol, attaqué
dans fon principe tout genre de re-
production; converti en monnoie tous
les métaux, vu disparaître cette monnoie, et créé un figne artificiel pour
la fuppléer qui fera devenu fans valeur. Il me femble que dans un tel
état, elle fera forcée à faire la paix;
mais rien n'eft moins certain que
l'époque. Le défespoir peut lui prêter
de nouvelles forces, et fes efforts font
incalculables : privé de numéraire
pour folder fes armées dans les pays
étrangers, le gouvernement abandon-
nera à fes troupes, pour folde, le pillage

des pays qu'ils envahiront ; alors une
nouvelle et puissante impulsion ani-
mera leurs esprits, celle de la ra-
pine ; les églises, les palais, les mai-
sons des banquiers seront leur caisse
militaire ; les boutiques des marchands,
les greniers des propriétaires seront
leurs magasins. L'enthousiasme qui
ajoute à la valeur une prodigieuse activité, et l'espoir du pillage qui la
porte à l'extrême, doivent l'emporter sur la valeur des troupes dis-
ciplinées. Ces hordes barbares peuvent donc avoir les plus brillans succès, et semblables à ces torrens, qui
dans leur course rapide charient les
métaux, entraîner également les ri-
chesses numéraires des nations. Bientôt, ils exciteront parmi les peuples
une terreur panique, qui les fera vo-
ler au devant de leur joug ; et tandis
que leurs succès les animeront de plus

en plus, et que leurs effets s'augmen-
teront par leurs effets, ils découra-
geront leurs ennemis déconcertés par
la témérité de leurs entreprifes. Les
Français facrifieront les hommes avec
profufion, et en auront long-temps
de nouveaux, pour recruter leurs
armées; parce que l'espoir du pillage
et l'amour de la licence feront ac-
courir de tout côté fous leurs éten-
dards. Peut-être, dira-t-on, que
la fcience militaire leur manquera;
mais cette fcience eft-elle auffi profonde qu'on le croit? De jeunes princes fans expérience ont eu les plus
grands fuccès; à quoi les attribuer fi
ce n'eft à de rapides conceptions, qui
n'ont pas befoin d'être étayées d'un
long apprentiffage, et à l'enthoufiasme
communicatif d'un jeune homme ardent et paffionné pour la gloire, qui
fait infpirer un grand dévouement

Q 3

pour fa perfonne. Tous les peuples
dans tous les temps ont eu une fcience militaire, et une difcipline quelconque ; mais il s'eft auffi trouvé dans
plufieurs époques, des peuples, qui,
dédaignant cette difcipline, forts de
leur nombre et enivrés du fanatisme
religieux ou de celui de la liberté, et
animés de l'espoir de piller de riches
contrées, ont triomphé du favoir et
de la difcipline. C'eft ainfi, que les
troupes de MAHOMET ont foumis une
grande partie de l'Afie. Mais fi la
lutte des Puiffances qui ont des troupes aguerries, peut n'avoir pas de
fuccès, lorsqu'elles font en oppofition
avec les Français, que fera-ce de
l'Italie fans troupes, fans places,
fans défenfe ; amollie par le luxe,
et fans attachement pour fon gouvernement ? Quel prodigieux butin,
que de tréfors offrent ces contrées,

à l'avide rapacité des Français! et
quel délice pour l'impiété et la licence effrenée, que de pouvoir attaquer la religion dans ſes foyers, hu-
milier ſon chef au milieu de la métro-
pole du monde chrétien, et jusques
ſur la chaire pontificale. Vous voyez
que rien n'eſt ſi incertain que l'époque
de la paix, et qu'il eſt bien difficile
d'en prévoir les conditions. Les Puis-
ſánces fatiguées de la guerre, épui-
ſées d'hommes et d'argent, feront-
elles forcées à faire une paix déſavan-
tageuſe, ou en dicteront-elles les
conditions ? C'eſt d'elles que ſemble
dépendre l'espoir du rétabliſſement
de la monarchie ; ſi la paix eſt déſavan-
tageuſe pour les Puiſſances, elles
n'auront pas le droit de rien exiger ;
ſi elle eſt avantageuſe, ſatisfaites d'obtenir des indemnités conſidérables, tel-
les que la reſtitution ou la ceſſion même

de quelques provinces, voudront-elles
embarraffer leurs affaires par la com-
plication d'intérêts étrangers à leur
caufe ; mais fi la France république
fait une paix quelconque, eft-il à
préfumer que ce régime puiffe fe con-
folider et s'affermir fur des bases
durables ? l'hiftoire ancienne, la nature des chofes et la topographie de
la France, ne permettent pas de le
croire, et il ne pourroit avoir quelque
durée qu'au moyen du despotisme
proconfulaire. Les républiques res-
semblent à ces machines qui féduifent
exécutées en petit, et ne peuvent
l'être avec de grandes proportions.
Il eft poffible que la France s'agite
encore quelque temps après la paix
dans fon intérieur, et s'occupe d'affermir la République ; il eft poffible
qu'elle dure quelque temps ; les mons-
tres, que produit la nature ne peuvent

vivre, mais ils ont quelque durée.
A ces confidérations, il faut ajouter
celles qui naiffent de la rentrée à la
paix, d'une multitude d'hommes dé-
pravés par la licence des camps, et
habitués à braver tous les dangers ;
ces hommes, incapables d'être ramenés
à l'ordre, feront comme les anciens
condoltieri de l'Italie, aux ordres de
celui qui pourra les folder, ou leur
faire envifager la perfpective d'un
grand butin. Mais, parmi ces troupes
même, la royauté aura une grande
influence ; car quel ordre de chofes
pourra préfenter aux chefs et aux fol-
dats plus d'avantages et de gloire que
le rétabliffement d'une monarchie ?
Les efforts généreux des troupes ani-
mées d'une telle impulfion, affranchi-
raient de la crainte un peuple cons-
terné, et long - temps égaré, et
bientôt la royauté ferait par tout

proclamée ; l'amour de l'ordre, de la paix, la liberté réelle et la propriété font effentiellement unis dans l'intérieur des cœurs avec la royauté. Mais il faut un événement qui permette l'explofion de ces fentimens, et cet événement tient à l'habileté et au courage d'un feul homme, peut-être à un hafard heureux, à un défespoir foudain qui fe changera en audace.

Voilà une bien longue lettre, j'ai parlé du paffé et du préfent, et n'ai fait qu'effleurer ce qui concerne l'avenir ; le plus vafte champ eft ouvert aux conjectures ; mais c'eft en converfation feulement que je pourrois m'y livrer avec vous. Adieu, mon cher et jeune ami, *vale et ama.*

LETTRE LVIII.

La Cesse. de Loewenstein

A

Melle Emilie de Wergentheim.

Si le Marquis m'aime autant que vous
le dites, il doit rendre grâces au des-
tin, qui semble être à ses ordres; il
travaille sans cesse à le rapprocher
de moi, et à lui donner de nouveaux
rapports avec ma famille. Il est venu dîner hier ici, avec le Commandeur,
qui a été le cherher pour l'amener
avec lui; mon oncle nous a répété
plusieurs fois, qu'il avoit été obligé de
lui faire violence, pour le faire venir,
et le Marquis, qui craint de me

déplaire et de m'embarraffer par de trop fréquentes vifites, avait l'air en quelque forte affligé, et bien aife; les reproches que lui faifait mon oncle étaient une juftification, et fes yeux femblaient me dire: ce n'eft pas ma faute. Les figures expriment quelquefois ces fentimens contraires. On m'a parlé d'un fameux tableau de RUBENS, qui repréfente une reine de France, qui vient d'accoucher d'un Dauphin; on voit, dit-on, fur fa figure, l'impreffion d'une douleur récente, et la fatisfaction davoir donné naiffance à un prince. Je crois que bien fouvent un obfervateur pénétrant aurait pu voir fur mon vifage, et le fentiment du plaifir que j'éprouve à l'arrivée du Marquis, et la raifon qui m'ordonne d'en modérer l'expreffion. On a joué, on s'eft promené après dîner, et le Marquis étant forti pour aller voir un cheval que mon père a acheté, je fuis rentrée avec ma mère et le Commandeur. Vous connoiffez fes plaifanteries fur les femmes, et lui avez cent fois entendu dire qu'elles font folles ; il a dit à ma mère qu'elle lui avait l'obligation d'avoir des idées juftes fur beaucoup d'objets, et ma mère en eft convenue, et cela fans aucune flatterie ; car mon oncle a véritablement un fens très - jufte, caché en quelque forte fous une épaiffe enveloppe. La plupart des femmes, a - t - il dit, et fur - tout celles qui ont l'imagination vive, auraient befoin qu'on arrangeât leur tête. J'ai ri de ce mot, et j'ai dit qu'il femblait qu'il parlât d'une bibliothèque. Oui, arranger, mettre les chofes à leur place, et vous toute la première. Eh bien ! mon oncle, ai - je dit, je vous avoue que je fuis de votre avis quelquefois, et que j'ai

fongé que j'aurais befoin qu'on arrangeât ma tête. Voulez-vous prendre
ce foin? Le Marquis eft entré à ces
mots; ma mère lui a répété la converfation, et m'a dit voulez-vous
que le Marquis vous rende ce fervice,
puifque vous convenez qu'il vous ferait néceffaire. Il a répondu, je ne
demande pas mieux; fi madame la
Comteffe me le permet, je lui dirai
mon fentiment fur la tête des femmes,
et elle fera choix de ce qui peut lui
convenir. J'ai dit affez froidement
qu'il me ferait bien de l'honneur, et
mon oncle a ajouté en parlant au
Marquis: écrivez-lui et vous me mon-
trerez la lettre. La voiture eft avan-
cée et ils font partis; le Commandeur
me difant, il vous écrira, je veux
qu'il vous dife votre fait. Il n'a pas
manqué, comme bien vous penfez, à
obéir au Commandeur, et voici la

lettre qu'il m'a envoyée. Mais que dites - vous, ma chère Emilie, de la bizarrerie de mon fort; il femble qu'un démon prenne à tâche de multiplier mes rapports avec le Marquis; il fe fert enfin de ma mère, de mon oncle pour l'engager à me faire une déclaration; il ne tient qu'à moi du- moins de la trouver dans la lettre du Marquis: *eh! qui fait s'il me refte quelque chofe à craindre encore.* Cela eft clair, mais pour vous et pour moi feulement. Je n'imagine pas qu'il at- tende une réponfe, ce ferait trop préfumer de la bonhommie germa- nique. Le Marquis a raifon de met- tre au nombre des caufes qui troublent la tête des femmes, une inquiétude vague, qui ne fe diffipe que lorsque le hafard leur fait découvrir l'objet vers lequel la nature les dirige; mais cette inquiétude n'eft que vague, comme il le dit, et le véritable trouble, selon moi, commence lorsque cet objet eſt trouvé, et que des obſtacles difficiles à vaincre, empêchent qu'on ſe réuniſſe à lui ; et, quel doit être le déſordre d'une tête, pour me ſervir des ex-preſſions du Marquis, lorsqu'il ſe trouve entre une femme et cet objet une barrière inſurmontable ! Adieu, ma chère amie ; vive cent et cent fois l'amitié, elle ne trouble jamais l'ame, c'eſt un jour pur et doux qui ſuffit pour éclairer ſans éblouir. Que je plains les malheureuſes, ſur leſquelles un violent ſentiment exerce tout ſon empire ! et combien je vois avec une ſorte de crainte, qu'il y a ſouvent une fatalité pour les femmes, qui les environne de pièges, et finit par les y faire tomber ſi elles ſe confient trop en elles-mêmes, ſi elles perdent de vue les principes de la plus ſévère raifon ! Vous m'approuverez, je crois, et ne me trouverez pas pédante, quand je dirai, qu'en pareil cas, il ne faut jamais compofer avec le devoir, et qu'il eft plus facile de s'abstenir que de fe contenir.

LETTRE LIX.

—

Le Marquis de St. Alban
a la
Cesse de Loewenstein.

Vous êtes, dites-vous Madame, occupée d'arranger votre tête, et madame votre mère croit que mes avis pourront vous être utiles pour y

R 3

parvenir ; mais je me fouviens qu'un grand philofophe devint fou à force de méditer fur les caufes de la folie ; n'eft-il pas à craindre pour moi, qu'en méditant profondément fur ce qui concerne une perfonne auffi intéreffante, ce ne foit ma tête qui fe dérange. L'envie d'obéir à madame votre mère, et de contribuer à fon amufement, le plaifir que je trouve à m'occuper de vous, me font braver ce danger : et qui fait s'il me refte quelque chofe à craindre encore ! Je fuis jeune, mais j'ai beaucoup vu, beaucoup obfervé ; j'ai réfléchi particulièrement fur les femmes, et je crois qu'il me ferait poffible de donner à beaucoup d'entr'elles, des confeils falutaires ; mais madame la Comteffe, avant d'indiquer des remèdes, il faut connaître la fource du mal, et me voilà autorifé à vous faire des queftions, comme

un médecin qui voit pour la première
fois un malade. Je vais commencer
par établir les principes généraux du
désordre de la tête des femmes, et ils
pourront vous servir à démêler la cause
de ce qui se passe en vous, et d'après
vos aveux je verrai la marche que je
dois suivre. Dans l'ordre général on
peut rapporter le désordre d'une tête,
à la vivacité de l'imagination, qui en-
traîne successivement d'une idée à une
autre, et produit le changement et
l'inconséquence ; à la force de l'imagination, qui fait vivre quelques personnes dans un monde idéal, et remplit la tête d'idées romanesques,
qu'elles cherchent envain à réaliser ;
enfin une tête peut être dérangée par
la profondeur et la vivacité des affections, et la première des affections
est celle de l'amour. Il faut pour
qu'il porte le désordre dans la tête

d'une femme, qu'il soit combattu par de grands obstacles, ou par une opposition forte de sentimens profondément gravés dans l'ame, tels que ceux du devoir ou de la religion. C'est ainsi que la tête de cette malheureuse *Clémentine* (*) était devenue un champ de bataille, où combattaient les deux plus grands sentimens qui puissent affecter la nature, l'amour et la religion, le bonheur de la vie et l'éternité. Elle était tour à tour partagée entre un Dieu qui lui avait donné la vie, et un amant qui seul pouvait l'embellir. L'amour trouble encore la tête par la jalousie, et par mille rafinemens qui viennent ou de l'amour propre, ou d'une délicatesse outrée de l'ame ; enfin la tête est dérangée par

---

(*) Dans le roman de *Grandisson*.

la domination des fens ; mais rien n'eft plus rare chez les femmes, et je n'en ai point encore vu qui foient convenues de leur empire, ce qui me fait admirer ou la force de leur raifon, ou le bonheur attaché à leur conftitution. L'incertitude des idées contribue encore au défordre, et quelquefois on eft troublé parce que notre ame refte comme en fuspens, faute d'avoir démêlé fes véritables penchans ; on éprouve dans cet état, de fecrets befoins de l'ame, et une inquiétude vague, qui ne fe diffipe que lorsque le hafard nous fait découvrir l'objet vers lequel la nature nous a dirigés. Voilà Madame, à peu près tous les principes de dérangement et de trouble, qui peuvent agir fur la tête d'une femme, et je crois pouvoir indiquer des moyens d'y remédier, quand on m'en fait l'aveu, ou quand j'ai le

R 5

temps de les connaître par moi-même
à l'aspect des fymptômes, dont l'expérience et l'obfervation m'ont donné
la fûre indication. Je puis d'avance
être affuré que plufieurs de ces caufes vous font étrangères ; par exemple
vous ne connaiffez pas les tourmens
de la jaloufie, faite pour l'infpirer fans
ceffe à celui qui eft affez heureux pour
avoir le droit de l'être. Ceux de l'envie vous font inconnus ; vous ne pouvez être un inftant inquiète en vous
regardant, en regardant les autres.
Je ne parlerai pas de la domination
des fens ; c'eft une maladie trop rare,
et les femmes en général prennent la
curiofité pour l'ardeur. Si je parlais
à une autre femme, je ferais entrer la
vanité pour beaucoup dans mes questions ; mais vous êtes trop fupérieure
à ces frivoles preftiges, pour qu'elle
puiffe être comptée au nombre des

objets qui influent fur vous, et fi vous en étiez fusceptible, en confidérant tout ce que la nature a fait pour vous, en vous comparant aux autres, la vanité ne ferait pour vous qu'une fource de fatisfaction. Vous voyez qu'il dépend de vous à préfent, que je continue ma confultation, et fi vous daignez me dire les fymptômes que vous éprouvez, je m'emprefferai d'apporter au mal les remèdes convenables. J'ai l'honneur d'être etc.

LETTRE LX.

Melle Emilie

A LA

Cesse de Loewenstein.

Eh! de quoi fe mêle monfieur le
Marquis de vouloir arranger la tête
des autres! qu'il fonge à la fienne,
ma chère amie, qui n'eft peut-être
pas trop en ordre! Il eft effectivement
bizarre que votre mère, que votre
oncle, s'empreffent de favorifer une
intimité entre vous et un jeune homme
aimable; qu'ils faffent naître l'occafion d'entrer en correspondance
avec lui fur un fujet qui peut mener
fi loin. Lorsqu'il s'agit d'arranger la

tête d'une femme, n'a-t-on pas le droit de parler de tout? de son cœur, de son esprit, de tout enfin. Si j'avais à lui parler des caufes qui dérangent celle d'un homme, quelle ample matière n'aurois-je pas? **La** vanité ferait une des plus fécondes. Si elle fe bornait encore à faire parler d'eux dans la gazette, on pourrait la fupporter; mais il faut qu'elle les porte à troubler le repos des femmes, à les déshonorer, et c'eft une gloire pour eux, lorsque quelque malheureufe expie dans un couvent, ou dans quelque vieux château, le bonheur d'avoir fixé quelques momens leur attention. Que de petits *Lovelaces* il y a dans le monde! ma chère amie, et auxquels il ne manque que fon esprit, fes talens et fa figure; mais dont le cœur ne vaut pas mieux. Je ferais un peu tentée de vous gronder, car enfin c'eft vous qui avez donné lieu à cette belle lettre. De quoi vous avifiez-vous de dire que vous aviez befoin qu'on arrangeât votre tête ; voilà le langage que pourrait vous tenir une amie, qui ne faurait pas comme moi apprécier ce que vous valez ; mais moi, qui vais toujours cherchant la caufe de tout, et que mon cœur rend fi éclairée fur tout ce qui vous concerne ; je dis que je reconnais là cette franchife fi noble fi précieufe que je n'ai vue qu'en vous, habituée à montrer votre ame tout entière, à vous repofer fur l'innocence de fes fentimens. Jé me rappelle d'avoir entendu dire à un homme de beaucoup d'esprit, qui parlait avec ma mère d'une jeune demoifelle extrêmement fimple et ingénue qui les intéreffait : la pudeur n'eft pas naturelle à l'homme, puisqu'elle

ne vient que de la connoiffance du mal.
ADAM ne chercha à fe couvrir que
lorsqu'il eut péché; combien de jeunes filles, peut-être, auraient befoin
de perdre leur innocence pour conferver leur fageffe ! On ne favait pas
que j'étais à portée d'entendre ce discours; il me donna bien à penfer dans
le temps, et m'eft toujours refté dans
la tête. Vous allez, toute honteufe,
dire à votre métaphyficienne : mais j'ai
donc péché puisque, felon vous, j'aurais quelque chofe à cacher ? je vous
répondrai; que fi tous les hommes vous
connaiffaient comme votre Emilie, vous
n'auriez qu'à gagner en les faifant
pénétrer dans les plus petits replis de
votre ame; ils y verraient l'impression qu'a faite un jeune homme aimable,
fenfible, vertueux, fur cette ame qui
éprouve le befoin fi doux d'aimer;
mais auprès de cette légère impreffion,

ils liraient, gravés en caractères inef-
façables, les principes de la plus aus-
tère sageffe, et l'amour de l'ordre et
du devoir. La malignité ne verrait
peut-être qu'une partie de ce que
j'expofe, et il eft donc néceffaire de
cacher à fon œil curieux ce que vous
éprouvez. C'eft ce que votre franchife ne vous a pas permis de faire;
vous-avez fenti quelqu'embarras, et
vous en êtes naïvement convenue. Je
crois être fûre au refte, que le Marquis n'a vu en cela qu'un propos jeté
au hafard, et qu'il ne fe croit pas
affez heureux pour être la caufe du
défordre de votre tête. Sa lettre
adroite et mefurée, eft d'un homme
qui ferait bien aife d'entrer en matière et d'établir une correfpondance
avec la perfonne dont il cherche à
connoître l'état; la phrafe que vous
avez remarquée, m'a fait le même effet

qu'à vous, mais ne fignifiera rien
pour les autres. J'ai bien fongé à
votre fituation, ma chère amie, et à
celle du Marquis, par intérêt pour
vous. Il vous aime, cela n'eft pas
douteux; mais il eft honnête, et vous
connaît affez pour favoir qu'il n'a
aucune espérance à former, et l'a-
mour, je crois, ne peut vivre long-
temps fans espoir. La paffion, après
l'avoir quelque-temps tourmenté, fi-
nira donc par fe changer en amitié;
car enfin, qui eft-ce qui s'eft avifé
d'être malheureux, parce qu'il ne pos-
fédait pas le château de Verfailles?
Pour vous, ma chère amie, vous avez
plus à vous défendre des autres que
de vous-même, en étant aimée d'un
homme que fon respect tiendra toujours dans un certain éloignement:
vous avez plus à craindre l'interpré-
tation qu'on donnera à vos fentimens,

que vos fentimens, dont vous ferez toujours maîtreffe de modérer la vivacité, ou du moins l'expreffion. Une inaltérable vertu d'un côté, et de l'autre un manque abfolu d'espoir, arrangent donc les chofes de façon que nous vivrons un jour fans trouble, et fans crainte des autres et de nous, dans une charmante et paifible fociété. Adieu, ma chère amie; voilà mes vœux et mon espoir.

LETTRE LXI.

—

BERTRAND, VALET DE CHAMBRE
DU MARQUIS
A JENNY,
FEMME DE CHAMBRE DE LA CESSE.

Je suis bien dans l'embarras, ma chère
JENNY, et connoiffant ton bon cœur,
il m'eft bien avis que tu le partageras.
Tu feras chagrine, cela me fait de la
peine, et cependant ça me fait plaifir.
Mon pauvre maître, comme je te l'ai
confié, a effuyé une groffe banqueroute qui a raflé tout fon pauvre avoir,
et pour comble de malheur, monfieur
le Préfident eft allé faire un voyage
d'un mois ou fix femaines, il faut

que ce foit pour quelque grande affaire fans doute ; car il a écrit comme ça
à mon maître, qu'il ne pouvait lui dire
où il allait. Ce brave homme nous
aurait aidés, car il aime mon maître
comme fes yeux ; fuffit qu'il n'y faut
pas fonger de long-temps. Notre
hôte, le bon monfieur SCHMITT,
n'aurait pas mieux demandé que de
continuer à lui donner un bon ordinaire, comme il a fait jusqu'ici, et tout
plein de petites douceurs ; le pauvre
homme allait chercher à deux lieues
à la ronde une perdrix pour l'apporter, et une fois il acheta un faifan
qu'il nous vendit un tiers de moins,
c'eft un fait. Il faut quelque chofe,
dait-il, qui ragoûte monfieur le Marquis ; mais hélas ! le bon SCHMITT
n'eft pas le maître chez lui, et j'ai
entendu fouvent grogner fa femme, des
attentions qu'il a pour nous, fur-tout

depuis, comme on dit, que les eaux
font baſſes. Mon maître a fait ſemblant, je crois, depuis quelques jours
d'avoir beſoin d'être au lait pour ſa
ſanté, et moi j'ai dit comme ça à
madame SCHMITT, que n'ayant plus
la deſſerte de mon maître, je me con-
tenterais de pommes de terre; ſon
mari, qui était là, m'a dit : fi ! monſieur
BERTRAND ; tant que le père SCHMITT
vivra, et qu'il y aura un morceau de
lard dans ſon pot, vous en aurez votre
part ; mais voici ce qu'il y a de plus
pire, mon pauvre maître a la fièvre,
et le lait eſt comme un venin quand
on eſt dans cet état, il a fallu faire
du bon bouillon, acheter des drogues
et faire venir un médecin, et tout
cela coûte. Mon maître n'a plus que
quelques louis qui ſeront bientôt finis,
et tous ſes bijoux ſont vendus ; mais
ma chère JENNY, BERTRAND a une

belle et bonne montre d'or, et de qui lui vient cette montre? de la fœur de fon maître, lorsqu'elle s'eft mariée. Il ne fera pas dit qu'il garde un bijou quand il peut racheter peut-être la vie à fon maître. Le pauvre BERTRAND y eft attaché, j'en conviens; mais ce n'eft pas pour lui, tu t'en doutes, ma chère JENNY. Peut-être il comptaît qu'enfin viendrait ce jour où il pourrait t'en faire cadeau: il n'y faut plus fonger, mais bien à mon cher maître. Je te l'envoie cette montre, pour que tu la vendes auffitôt à quelqu'un de ces meffieurs qui viennent au château, ou que tu pries la bonne amie de Madame, d'en faire une loterie à Mayence; en attendant, envoie-moi une partie de ton petit tréfor, comme qui dirait une vingtaine de ducats, dont tu te payeras fur le prix de la montre, et je ferai

croire à monsieur le Marquis que j'ai
retrouvé dans le fond de sa malle un
étui d'or, qui avait un petit bouton
de diamant, que nous avons laissé en
France, et que je l'ai vendu. *Motus*
sur tout cela, ma chère JENNY. Il
faut croire que Dieu un jour aura pi-
tié des honnêtes gens, et que nous aurons une bonne auberge dans quelque
belle ville de France. J'en suis si
persuadé que je songe quelquefois à
l'enseigne. Il y aura une barque sur
une mer bien agitée, et puis dessus à
la providence. Ah! notre pauvre
barque, elle est bien loin du port.
Adieu, adieu, ma chère JENNY, je
t'embrasse de tout mon cœur, et suis à
jamais ton fidelle serviteur

BERTRAND.

LETTRE LXII.

—

La Cesse de Loewenstein.

A

Melle Emilie de Wergentheim.

S'il y a de malhonnêtes gens, s'il y a
de mauvais cœurs, il faut convenir aussi
ma chère Emilie, qu'il y a des ames
bien nobles, des cœurs bien généreux,
et souvent dans la plus obscure con-
dition. Vous avez été frappée un
jour de l'air de candeur du valet de
chambre du Marquis de St. Alban,
lisez cette lettre et vous verrez que
vous ne vous êtes pas trompée ; mais
il faut que je vous dise comment elle

m'eft tomblée entre les mains, et j'en viendrai enfuite à l'objet qui m'a fait recourir à vous. Je fuis entrée hier matin dans la chambre de JENNY, qui eft un peu incommodée, et je l'ai trouvée fur fon lit fondant en larmes; une lettre était près d'elle, et des ducats épars fur une petite table près du lit. Qu'avez‑vous donc, lui ai‑je dit, JENNY ? Toute furprife et alarmée, elle a voulu effuyer fes larmes, et s'eft empreffée de prendre la lettre pour la ferrer dans fon corfet. Mais qu'avez‑vous ? — Madame, ce n'eft rien. — Vous me le direz; ce n'eft point curiofité, c'eft intérêt. — Je ne le puis Madame. — Et les ducats, qu'en voulez‑vous faire ? — Ah! Madame, ils font bien à moi. — Je n'en doute pas, ma chère JENNY; mais je veux favoir ce que vous avez, ou je n'aurai plus d'amitié pour vous. —

Plus d'amitié pour JENNY! . . . .
Elle a voulu ſe lever et ſe jeter à
mes genoux. Je lui ai encore dit: ma
chère JENNY, parlez - moi avec fran-
chiſe — eh bien, je vois bien qu'il le
faut, puiſque Madame parle de m'ôter
ſon amitié.   Elle a tiré ſa lettre, s'eſt
couvert un moment la tête avec ſon
tablier, et m'a dit comme ayant repris courage : Madame ſe doute peut-
être que nous nous aimons, monſieur
BERTRAND et moi;   mais cela ne
m'empêchera jamais d'être une honnête fille. —   Il n'y a pas de mal à
cela mon enfant, BERTRAND eſt un
honnête homme; à ces mots elle m'a
remis la lettre, que je vous envoie.
Les larmes me ſont venues aux yeux
en la liſant, et j'ai eu bien de la peine
à les renfoncer.   Vous verrez par
cette lettre le déplorable état du
Marquis, et voici, ma chère Emilie,

le fervice qu'il faut que vous me ren-
diez. J'ai une petite aigrette de diamans, que je n'ai pas mife depuis mon
mariage, et qui à peine eft connue de
ma famille ; je vous l'envoie pour que
vous la faffiez vendre fecrètement, et
le plutôt poffible ; mais ce n'eft pas
tout, il faut trouver un moyen d'en
faire recevoir le prix par le Marquis,
et voici celui que j'ai imaginé : ce ferait de lui faire écrire d'une main in-
connue qu'un homme qui lui a fait un
grand tort, qu'il peut réparer entièrement, fachant la trifte fituation où
il eft, lui fait paffer à titre de reftitution la fomme de . . . en attendant
qu'il puiffe s'acquitter tout - à - fait envers lui. Le Marquis vient d'effuyer
une banqueroute d'un négociant de
Francfort, qui eft en fuite ; il a dans
fa vie auffi été trompé, volé de diverfes manières ; il ne lui paraîtra

donc pas furprenant qu'on lui faffe
une légère reftitution fans vouloir fe
nommer. Vous ne connaiffez pas autant le Marquis que moi, et je fuis
perfuadée que fi une pareille confidence vous avait été faite, vous n'auriez pas balancé à faire ufage de tous
vos moyens, pour venir à fon fecours.
Au lait pour toute nourriture ! . . .
par mifère ! . . . malade, fans argent,
fans amis, dans un pays inconnu, dans
un miférable village; ah! mille fois
honnête BERTRAND, foit bénie cette
providence, vous en êtes l'inftrument,
et c'eft elle qui a fait tomber votre
lettre entre mes mains. Je répondrai
à fes infpirations, et mon Emilie m'ai-
dera dans mon entreprife. J'ai donné
ma parole à JENNY de ne point parler de la lettre de BERTRAND, et je
lui ai fait promettre de ne point lui
dire que j'en euffe connaiffance;

enfuite nous fommes convenues qu'elle
lui écrirait qu'elle m'avait fait voir la
montre, et que je m'étais chargée de
faire naître l'idée de l'acheter à un
de mes parens qui en donnera un
prix convenable. J'attends bien im-
patiemment votre réponfe, ma chère
amie.

P. S. Mon exprès reftera à Mayence,
fi vous croyez pouvoir répondre dans
vingt - quatre heures quelque chofe
de décifif.

LETTRE LXIII.

MELLE EMILIE

A LA

CESSE DE LOEWENSTEIN.

Je vous remercie mille fois, ma chère Victorine, de la commiſſion que vous m'avez donnée, je ſuis heureuſe de participer à une auſſi généreuſe action. J'en ſuis fière comme cet homme qui diſait, entendant vanter un beau ſermon, *eh bien, c'eſt moi qui l'ai ſonné*. Il ſe ferait paſſé beaucoup de temps peut-être, avant de pouvoir vendre votre aigrette, à un bon prix, ou ſi je m'étais preſſée de la vendre à des juifs, ils ne m'auraient donné que la

moitié de la valeur; j'ai pris un autre
parti qui m'a réuffi complétement.
Vous connaiffez le grand - prévôt du
chapitre; c'eft un homme noble et obli-
geant, et le bon vieillard fe pique d'un
attachement particulier pour moi. Au
moment où j'ai reçu votre lettre, je for-
tais pour aller dîner chez lui en grande
compagnie; nous fommes arrivés des
premiers, et après les complimens
ordinaires, je lui ai demandé à entrer
dans fa bibliothèque pour y prendre
un livre, bien perfuadée qu'il m'y
fuivrait; il y eft effectivement venu,
et nous nous fommes trouvés feuls;
alors, je lui ai dit: monfieur le prévôt, j'ai un fecret à vous confier et
un fervice à vous demander. Sa belle
et refpectable phifionomie s'eft épanouie à ces mots: mademoifelle Emilie, a - t - il dit, peut compter fur ma
difcrétion, et tout ce que j'ai, tout

T 4

ce qui est en mon pouvoir est à ses ordres. J'en étais d'avance assurée,
monsieur le prévôt, lui ai-je répondu,
et cependant je ne suis point pré-
somptueuse. Il m'a serré les mains
avec affection; une pauvre Française
émigrée, lui ai-je dit, n'a plus que
ce bijou, elle est forcée de s'en dé-
faire et je voudrais que ce fût au
meilleur prix possible; alors j'ai montré l'aigrette, il l'a regardée une minute, bien plus occupé de ce que j'a-
vais à ajouter. Je vous ai choisi, lui
ai-je dit, pour un prêteur sur gage;
il a ri. La chose étant très-pressée,
je ne puis attendre une occasion favorable de la vendre. Faites-moi la
grâce de me prêter deux-cents ducats, et lorsque le bijou sera vendu
vous me donnerez le surplus, ou je
vous remettrai ce qu'il sera vendu de
moins; mais comme il a coûté plus de

trois cents ducats, je ne crois pas demander trop pour le moment. Je pres-
sai quatre à quatre mes paroles, de
peur d'être interrompue. Il m'a dit :
je vois que nous n'avons pas le temps
d'en dire davantage, et je garde vos
diamans, parce que je fuis plus à portée que vous de les faire vendre. Si
vous voulez laiffer après dîner votre
fac à ouvrage fur l'encoignure qui eft
à gauche du poêle, je trouverai moyen
d'y mettre les deux cents ducats. A
peine achevait-il, qu'un valet de chambre eft entré pour lui dire que la princeffe de . . . était arrivée. Il m'a
quittée, tout radieux d'avoir eu occafion de rendre fervice, et d'avoir une
affaire fecrète à traiter. J'ai refté
quelques momens dans la bibliothèque,
et je fuis rentrée dans le fallon avec
deux ou trois volumes. Le prévot,
fidelle à fa parole, a tourné et retourné

après le dîner auprès de l'encoignure, et quand il a cru n'être pas aperçu, il a gliffé les deux cents ducats dans mon fac. Vous penfez bien, ma chère, que j'ai été alerte pour le reprendre, et en fentant le poids des ducats, j'ai éprouvé un plaifir fingulier, un plaifir d'enfant, dira - t - on, puisque j'étais bien fûre qu'ils y étaient. Ah! nos fenfations à tous les âges ont les mêmes principes, et les mêmes réfultats. L'avare qui s'enferme pour contempler fes richeffes, qui fe plaît à les paffer en revue, favait bien avant d'ouvrir fon coffre ce qu'il renferme; mais n'importe, leur vue le fatisfait, et lui préfente toutes les jouiffances auxquelles il peut prétendre. En pefant dans ma main ces rouleaux, l'emploi me frappait plus vivement l'imagination; mon cœur treffaillait, lorsque je fongeais que

dans ce petit volume étaient contenues
la subsistance, la santé, la vie peut-
être d'un homme digne de l'estime et
de l'intérêt de tous les êtres pensans
et sensibles. Si j'avais été seule, j'aurais, je crois, défait les rouleaux, et
compté les ducats pour voir en détail
tout ce qu'ils produiront de bien. Vous
les recevrez ce soir ces bienheureux
rouleaux, et si vous passez une bonne
nuit, ou si elle est doucement agitée
du plaisir d'avoir rétabli le calme dans
une ame aussi noble que pure, songez
à la diligence de votre Emilie, qui se
trouve fortunée d'y avoir quelque
part.

LETTRE LXIV.

—

Bertrand a Jenny,

Dieu n'abandonne jamais les honnêtes gens, ma chère Jenny, en voici une nouvelle preuve. Hier, comme j'étais à donner un bouillon à monsieur le Marquis, est entré dans la chambre le père Schmitt avec un homme qui tenait une petite boîte et une lettre. Voilà, a dit Schmitt, un homme qui vient de Francfort avec de bel et bon argent, à ce qu'il dit. Cela fera autant de bien à la santé de ce brave gentilhomme que toutes les drogues des apothicaires. Mon maître ayant lu son adresse sur la boîte, l'a ouverte et a trouvé dedans une lettre qu'il a lue, et deux bons rouleaux de cent ducats chacun. Il a demandé à l'homme qui lui avait remis cette boîte, et on lui a répondu que c'était le maître de la poſte de Francfort, qui avait reçu l'argent par la poſte de Suiſſe. Monſieur SCHMITT, auſſi joyeux que ſi l'argent avait été pour lui, a ſouhaité une bonne nuit à monſieur le Marquis, et enſuite a dit au courrier: allons, mon garçon, vous avez beſoin de boire un coup; venez goûter de notre bière. et par-deſſus le marché vous aurez un petit coup de rogome. Monſieur le Marquis m'a dit, voyant que j'étais tout en joie: cela vient fort à propos, mon pauvre BERTRAND; mais j'ai beau chercher, je ne vois que ce né-gociant de Francfort qui m'a fait ban-queroute; il aura eu un remords et m'envoie cet argent. Et que ſait-on,

Monfieur, quand Dieu touche le cœur des gens, ce n'eft pas pour qu'ils restent à moitié chemin, et je crois, moi, que ce banquier eft peut - être plus honnête homme qu'on ne penfe, et qu'il nous rendra tout ce qu'il nous a pris ; et voici, ma chère JENNY, qu'il n'eft plus queftion de vendre la montre, où j'espère que tu regarderas quelquefois l'heure qu'il eft. Je vais donc la bien conferver, bien entendu que fi, Dieu nous en préferve, monfieur le Marquis fe trouvait dans le même cas, la montre, et tout ce que poffède BERTRAND, ferait à fon fervice. Adieu JENNY ; quand monfieur le Marquis fe portera mieux, il ira au château, et Dieu fait fi je le laifferai aller tout feul. Je t'embraffe, et fuis toujours de tout mon cœur ton fidelle BERTRAND.

LETTRE LXV.

—

LE MARQUIS DE ST. ALBAN.

A LA

DUCHESSE DE MONTJUSTIN.

Il est très-vrai, ma chère cousine, que le banquier qui vient de faire banqueroute, était chargé de mes fonds qui n'étaient pas considérables, et je vous avouerai que je me suis trouvé dans le plus grand embarras. Moitié misère, moitié régime nécessaire à ma santé, je m'étais mis au lait, en attendant de recevoir quelques fonds de France, ou que je puisse me procurer quelque ressource par moi-même.

U 2

J'ai été bientôt obligé de quitter le lait parce que la fièvre m'a pris, et j'étais réduit à une vingtaine de louis, lorsqu'il m'eft arrivé deux cents ducats de je ne fais où. D'abord, j'avais fongé à vous ; mais la fomme m'a paru trop forte, non pour votre cœur, mais pour vos facultés ; enfin, quelques jours après, j'ai reçu de France par une voie détournée, deux cents louis. Me voilà donc, comme vous voyez, en état d'attendre les événemens. Votre lettre m'a fenfiblement touché, ma chère coufine, et c'eft bien le denier de la veuve que vous m'avez envoyé ; mais heureufement je n'ai pas befoin de ce fecours, qui pénètre mon cœur de reconnaiffance. Je vous envoie donc vos cinquante ducats, qui font peut-être la moitié et plus de ce que poffède ma généreufe coufine. La pauvreté et le malheur ont donc leurs

plaifirs! l'émotion et la fatisfaction
que j'ai éprouvées à la lecture de votre lettre, à la réception de votre
bienfait, font inconnues aux riches.
Quelle marque d'amitié auffi touchante
peuvent-ils recevoir? Il eft auffi pour
la pauvreté une foule de petits détails
et d'arrangemens, dont l'occupation
l'intéreffe; nous nous applaudiffons,
BERTRAND et moi, quand nous avons
trouvé quelque moyen économique,
qui tourne au profit d'une jouiffance.
Il eft extrêmement intelligent pour
ces fortes de détails; ce n'eft pas un
domeftique petit maître; mais c'eft le
meilleur des ferviteurs pour le cœur,
le zèle et la probité. Il fe dit valet
de chambre, et il eft tout, il eft maître d'hôtel, officier etc. etc., auffi
eft-ce partout monfieur BERTRAND,
et fon langage, un peu groffier, ne nuit
point dans ce pays à fa confidération.

Eh bien! ma chère coufine, quand nous difions à un maître d'hôtel: j'aurai demain dix, quinze perfonnes à dîner, nous n'avions aucun plaifir à fonger à ce qu'on fervirait, et la plupart du temps, fort peu à manger. Convenez qu'à préfent lorsque vous faites venir LISBETH, et moi BERTRAND, et que nous difons: qu'eft-ce que j'aurai à dîner demain, et qu'eft-ce que coûte ceci, cela? nous éprouvons une forte d'intérêt qui nous était inconnu; enfin il m'arrive fouvent de faire des dîners excellens avec de la foupe aux choux, un morceau de veau rôti, et des pommes de terre. Qui fait les jouiffances de ce mendiant, qui profite d'un moment de foleil pour fe réchauffer? . . . . . de ce malade que tout le monde plaint, et à qui un rêve procure peut-être un état d'enchantement! Qui fait la fatisfacttion qu'éprouve cette groffe fervante, qui fe montre un dimanche à la promenade avec un bonnet à fond d'or, et cet artifan qui a des boucles d'argent larges comme fon pied? Je finirai, ma chère coufine, par un vieux proverbe, plein de fens comme tous les proverbes: *A brebis tondue Dieu ménage le vent.* Adieu, permettez que j'embraffe bien tendrement ma bienfaictrice.

LETTRE LXVI.

—

LE MÊME A LA MÊME.

Je crois, ma chère coufine, que votre févérité applaudira à la réfolution que j'avais prife, d'être quelque temps fans aller à Lœwenftein, et au courage que j'ai eu de l'exécuter ; j'ai paffé huit jours fans fortir de ma chambre ou de mon petit bois, et j'ai employé tout ce temps à lire ou à peindre. Que je ferais, hélas ! bien payé du facrifice que j'ai fu m'impofer, fi la Comteffe m'en favait quelque gré, fi elle pouvait favoir combien il me coûte ; mais mon cœur ne s'arrête pas à déſirer une froide reconnaiſſance, et je ſerais malheureux ſi je n'eſpérais pas, qu'elle regrette un peu les momens que nous avons ſi doucement paſſés enſemble ſans trouble et ſans crainte. Je ſuis prêt à m'abandonner au déſespoir, quand j'enviſage l'avenir. S'il faut pour que je puiſſe jouir de la plus aimable ſociété, que le temps ait affaibli l'impreſſion que m'a faite la Comteſſe, c'eſt-à-dire, qu'il faille que je ſois moins ſenſible au plaiſir de la voir, je ne vois pas quel ſera le terme de mes privations. On a dit que l'amour reſſemblait quelquefois à la haine, et je l'éprouve en ce moment où je ſuis obligé de fuir la perſonne que j'aime le plus, comme ſi je la haïſſais. . . . .

J'en étais là de ma lettre, ma chère couſine, et de mes triſtes complaintes, lorſque le Commandeur eſt entré chez

moi avec le bruit d'un ouragan. Eh
bien! Marquis, m'a-t-il dit, êtes-
vous brouillé avec nous, et comptez-
vous encore long-temps priver la
Comtesse du plaisir de vous voir?
favez-vous qu'il n'est pas bien de
mettre les gens en train de nous aimer
et de les planter là? ma nièce, je
m'en aperçois bien, depuis qu'elle
vous connaît, trouve nos bons Alle-
mands un peu pefans. Il faut aujour-
d'hui que je vous enlève, et que vous
emportiez toutes vos couleurs et vos
pinceaux. Je n'ai fu que répondre
à cette preffante invitation; n'ayant
aucun prétexte pour m'y refufer, et
après m'être confondu en proteftations,
remercimens, il a fallu fuivre le
bruyant et bon Commandeur. Vous
favez, m'a-t-il dit encore, que vous
devez peindre ma nièce, et croiriez-
vous qu'on exige auffi que vous

exerciez vos talens fur ma vieille figure ; ainfi, Marquis, il faut nous
donner au moins cinq à fix jours.
Nous voilà en route, ma chère coufine,
et je mentirais, fi je vous difais que
je n'étais pas intérieurement fort aife
d'avoir tous les honneurs de la vertu,
et les plaifirs de la jouiffance. Ma
coufine, me difais-je, n'aura rien à
me reprocher ; elle fentira qu'il m'é-
tait impoffible de réfifter aux inftances
du Commandeur, et la Comteffe, fatisfaite de mon courage et de ma prudence, me verra fans regret profiter
du fort heureux que m'a procuré le
hafard. Il ne m'a pas paru qu'elle
ait été fâchée ni embarraffée de me
voir, et fa mère, enchantée de l'efpé-
rance d'avoir un portrait de fa fille,
a accueilli le peintre avec une extrême bonté. J'ai commencé dès le
lendemain, c'eft-à-dire, il y a deux

jours un ouvrage qui exigerait le talent de Titien et du Corrège, pour n'être pas trop au-dessous de l'original. L'oncle voulait qu'elle fût en habit d'amazone, et si on l'avait cru, le tableau aurait tenu la moitié de l'appartement; il aurait représenté, en outre de l'objet principal, des chevaux, des chiens et une forêt toute entière: il a été décidé qu'elle serait assise près d'une table, et vêtue d'une robe blanche avec une ceinture bleue; un petit chapeau, que vous lui connaissez, ne dérobera rien de ses traits; ses beaux cheveux épars tomberont en grosses boucles sur un cou d'albâtre, et elle aura à la main un livre qu'elle ne lira pas, mais sur lequel elle aura l'air de réfléchir: voilà, ma chère cousine, l'ordonnance de mon tableau. On lui tient compagnie pendant que je travaille, ainsi ne soyez pas trop en peine des indiscrétions *du peintre amoureux de son modèle ;* plaignez-le plutôt, car s'il éprouve un grand plaisir à contempler ainsi l'objet de son adoration, à pouvoir en détailler toutes les beautés, à lui faire prendre l'expression qu'il désire, la nécessité de contenir ses transports est un tourment insupportable, et j'ai quitté deux fois l'ouvrage sous prétexte d'un mal de tête ; parce qu'un regard qu'elle a laissé tomber sur moi, m'a transporté hors de moi-même, il m'a semblé y lire ces mots : „je sens quelle doit être votre contrainte ; et je n'en suis pas exempt moi même.“ .... Adieu, ma chère cousine.

———

LETTRE LXVII.

LA DUCHESSE DE MONTJUSTIN
AU
MARQUIS DE ST. ALBAN.

Il y a un démon qui se mêle de l'amour, de vos amours sur‑tout mon cousin, et qui confond la prudence humaine. Le courage que vous avez eu d'être huit jours sans aller chez la Comtesse, mérite des éloges, et le Commandeur est venu bien à propos pour votre cœur, mais bien mal à propos pour la raison, vous enlever à votre sage retraite. On est tenté de tout abandonner, de se laisser aller

au courant de ses passions, quand on
voit le hasard détruire en un moment
l'édifice péniblement élevé par la sagesse; mais n'importe, mon cousin, il
faut toujours combattre, sans quoi
chacun se laissant aller à toutes ses
faiblesses, toute vertu serait exilée de
la terre; je me souviens qu'un maréchal de RAIZ, qui avait commis des
crimes affreux, répondit à ses juges:
*j'étais né sous l'étoile qui fait faire
ces choses-là.* Croyez, mon cousin,
que vous êtes né sous l'étoile qui
donne le courage de triompher de ses
passions, et porte aux actions les plus
généreuses; croyez que vous avez la
force d'arrêter les transports d'une
passion, qui pourrait causer des dé-
sagrémens à celle qui en est l'objet.
Eh! quel plaisir n'aurez-vous pas,
lorsque votre amour affaibli par le
temps, et changé en tendre amitié,

vous permettra de goûter fans trouble les charmes de la fociété de la Comtesse ; qu'elle ne craindra point de fe livrer avec vous aux mouvemens d'une tendre affection. Mandez-moi tout ce qui fe fera paffé à vos féances, et fi l'on eft content de votre ouvrage.

LETTRE LXVIII.

—

LE MARQUIS DE ST. ALBAN
A LA
DUCHESSE DE MONTJUSTIN.

Le portrait eſt fini, ma chère couſine, et toute la famille en eſt enchantée; vous ſavez mon goût pour les inſcriptions, et j'en ai propoſé une tirée d'ESTHER, que la modeſte Comteſſe s'eſt envain efforcée de rejeter

„Je ne trouve qu'en vous une
certaine grâce
„Qui toujours me prévient et jamais ne me laſſe.“

X 3

J’aurais bien pu mettre *on ne trouve;* mais il fallait mettre *ne nous laſſe* qui n’eſt pas fort harmonieux, et il fera cenſé que c’eſt le mari qui parle. La mère de la Comteſſe m’a demandé avec de douces inſtances, qui n’en étaient que plus preſſantes par leur modération, le portrait de ſon beau-frère; et j’ai remis à la ſemaine prochaine ce travail, qui n’aura rien de gênant pour moi. Le Commandeur fera en cuiraſſe, et tiendra d’une main ſon bouclier ſur lequel feront ſes armes avec leurs ſupports et ſa deviſe, qui exprime en langue teutonique à peu près ces mots: *Les aïeux montrent la voie.* Comme je ne veux rien vous cacher, ma chère couſine, je vous avouerai que je me ſuis levé à cinq heures tous les jours, et que j’ai fait porter mon ouvrage, à meſure qu’il avançait, dans ma chambre pour

faire d'après le portrait une miniature;
je retombe dans mon péché, me direz-vous; mais j'avais le portrait de
la Comteſſe, m'aurait-il été défendu
de ſe corriger. Qu'ai-je fait de plus
en copiant le tableau que j'ai fait?
vous me direz que c'eſt une nouvelle
tromperie, et qu'il eſt mal de faire
des choſes qu'on doit cacher, et pour
lesquelles on n'a pas l'aveu des perſonnes intéreſſées. Eh bien! ma couſine, je conviens de ce principe avec
vous; mais ne croyez-vous pas avec
moi, que la Comteſſe eſt bien perſua-
dée, que je n'ai pas laiſſé paſſer cette
occaſion de me procurer un ſi précieux dédommagement de mes ſacrifi-
ces; ſi cela eſt, je n'ai rien à me reprocher puisqu'elle eſt inſtruite, qu'elle
a dû s'en douter dès le commence-
ment, et ne m'a fait aucune défenſe.
Adieu, ma chère couſine, j'irai pour

vous voir ces jours-ci à Francfort, et il vous en coûtera pour me donner à dîner pendant mon féjour trois ou quatre œillets ; et une belle rofe fuffira, je crois, pour le thé et le café. J'ai découvert dans une village ici près deux émigrées, l'une eft la comteffe de B * * * l'autre la princeffe de . . . elles font logées dans une espèce de chaumière, et travaillent dès le matin, à la lueur d'une lampe, à broder des fouliers et des gilets ; peut-être pourrez-vous les aider à en obtenir un prompt débit et un bon prix. J'ai été les voir et leur ai offert mes faibles fervices pour acheter de l'étoffe et de la foie ; j'ai admiré leur courage, et je crois que cette facilité à fe foumettre à fon fort, à fe conformer aux circonftances, eft un des attributs du caractère Français. Il y a bien en cela du courage ; mais il

femble coûter peu, et provenir en
partie d'une légéreté de caractère qui
s'oppofe à la profondeur des fentimens: c'eft en m'examinant moi-
même que j'ai cru faire cette dé-
couverte, et non en portant fur les
autres un œil de critique pour diminuer de leur mérite. Adieu, ma
coufine.

———

LETTRE LXIX.

La Cesse de Loewenstein

a

Melle Emilie de Wergentheim.

Le Marquis est venu ici, ma chère
Emilie, amené par mon oncle pour
faire mon portrait, et croiriez-vous
que mon embarras a été extrême;
que se passe-t-il donc au fond de
mon cœur? portez y votre lumière,
car souvent je ne sais que penser de
ce que j'éprouve. J'ai du plaisir à
voir le Marquis, je me le reproche;
est-ce un crime que d'être sensible
aux agrémens, que de payer d'un

tendre retour les fentimens d'une vive affection ? mais le Marquis, me direz-vous, eſt amoureux, et la loi du devoir vous prefcrit de lui interdire toute espérance, et de vous refufer à recevoir des témoignages de ſa tendreſſe ; elle vous prefcrit de maîtrifer vos propres fentimens, et de défendre à votre cœur toute affection qui s'élève au-deſſus de la ſimple amitié. J'ignore ſi ce que j'éprouve eſt de l'amour, ma chère Emilie, et à tout hàfard je me conduis comme ſi j'en étais aſſurée ; je m'interdis la plus innocente familiarité avec le Marquis, et j'évite les occaſions d'être ſeule avec lui. Que puis-je faire de plus ? mais n'eſt-ce pas reconnaître l'empire de l'amour ſur moi que de m'efforcer de le combattre ?

Enfin mon portrait eſt achevé ; tout le monde en eſt enchanté, et je vous avoue que je trouve affez agréable la perfonne qu'il repréfente ; c'eft fans doute une preuve qu'il me reffemble peu. Le Marquis m'a demandé deux ou trois fois de prendre une expreffion de mélancolie tendre. C'eft *Clariffe*, m'a-t-il dit, que vous lifez, et vous réfléchiffez fur quelque circonftance affligeante de ce roman. *Clariffe* eft fa divinité, et il ne croit pas que rien puiffe intéreffer au même degré. J'ai tâché de lui obéir, et trop bien je crois ; car au même inftant que j'ai donné, et il ne m'a pas fallu un grand effort, cette expreffion mélancolique et tendre à mes yeux, je l'ai vu fe troubler, et peu de temps après il a été prendre l'air fous le prétexte de la chaleur et d'un mal à la tête. J'au-rais eu grand befoin d'en faire autant ; mais je fuis reftée à ma place. Dites moi, ma bonne et charmante amie, s'il est possible d'être coupable quand on n'accorde rien à son penchant, et qu'on redoute son empire. Nos senti-mens ne font pas en notre pouvoir; la vertu n'est vertu que parce qu'elle suppose un combat, sans quoi l'on n'a que de la sagesse, qui est une habitude qui ne coûte nul effort. Je me sens le courage de me vaincre, mais Dieu lui-même n'a pas le pouvoir d'anéantir le passé; je ne puis donc effacer des impressions, et rapportez-vous-en à votre amie, pour qu'elles ne pénètrent pas plus avant lorsqu'elle est éclairée. Adieu, ma chère Emilie.

LETTRE LXX.

—

LE COMMANDEUR DE LOEWENSTEIN
A
MELLE EMILIE DE WERGENTHEIM.

Ma chère nièce me preffe d'avoir
l'honneur de vous écrire, Mademoifelle, pour que vous ne foyez pas
alarmée de l'accident arrivé au château de Lœwenftein, dont il eft possible que vous foyez inftruite. Il n'y a
rien à craindre pour fa fanté; mais
l'extrême terreur qu'elle a éprouvée,
et l'agitation d'une nuit paffée dans le
plus grand trouble, lui ont caufé un
accès de fièvre affez vif et un grand
abattement.

Vous saurez, Mademoiselle, que cette nuit, vers les deux heures du matin, nous avons été réveillés par des cris effrayans, et m'étant levé, j'ai vu l'aile du château dans laquelle habitent ma belle-sœur et sa fille, tout en feu. Tout le monde était dans un trouble qui ne permettait pas d'agir, ou du moins utilement; chacun criait, se désespérait et on a été long-temps à faire-jouer une pompe fort mal en ordre. Nous étions, dans la cour, mon frère, son gendre et moi, tous à demi-nus et désolés; peu ingambes tous trois, nous ne pouvions que promettre de l'argent aux domestiques qui tenteraient de délivrer ma sœur et ma nièce des flammes qui enveloppaient leur appartement. Deux ou trois l'ont tenté; mais ils ont été repoussés par la fumée qui les a aveuglés et presque étouffés. Le feu femblait prendre de nouvelles forces, lorsque le Marquis, que la providence m'avait engagé à amener ici, a tout d'un coup faifi une hâche de la main d'un palefrenier, et s'eft élancé comme un trait vers l'escalier à demi-confumé, qu'il a monté avec une égale vîteffe. Des cris d'admiration fe font fait entendre parmi les domeftiques, et nous avons été quelque temps dans la plus cruelle incertitude. Jugez de notre joie, Mademoifelle, lorsque nous avons aperçu ce brave gentilhomme, tenant dans fes bras ma nièce, tirant après lui fa mère, et descendant l'escalier; une femme de chambre qui les fuivait, ayant porté fon pied fur une marche qui s'eft enfoncée, elle eft tombée dans le veftibule, et s'eft caffé la jambe. Enfin, nous avons embraffé, les yeux inondés de larmes, et le cœur fuffoqué de joie, ma sœur et ma nièce ; un demi - quart d'heure plus tard elles périssaient, car l'escalier eſt tombé avec fracas, et il n'était plus poſſible de leur porter du ſecours. Le généreux Marquis a porté ma nièce entre ſes bras dans ma chambre, et là tout le monde l'a mille fois embraſſé, ſans pouvoir proférer une parole. Les habits des dames ſont brûlés à moitié, et voilà tout ; la partie du château qu'elles habitaient eſt encore en feu, mais on a trouvé moyen de la couper du reſte du bâtiment qui eſt intact. Au milieu de la joie et du trouble, on ne s'eſt point aperçu que le Marquis eût éprouvé d'autre accident que d'avoir ſon habit et ſes cheveux brûlés, mais une heure après il s'eſt évanoui ; on l'a viſité, et on lui a trouvé tout le bas de la main gauche emporté, la peau du même bras entamée par une

contufion, et fes bas grillés et collés‘
à fes jambes. Voilà, Mademoifelle,
le cruel accident qui nous eft arrivé,
et qui empêche ma nièce de vous
écrire ; fon incommodité n'aura pas
de fuite, elle eft feulement bien faible
et bien abattue. Le Marquis eft couvert d'emplâtres , mais il aura tout
au plus quelques cicatrices. Quel
homme, Mademoifelle, quel courage,
et quelle fimplicité ! il femble embarraffé des transports de notre reconnaiffance. Ma nièce demande fans
ceffe des nouvelles de fon généreux
libérateur, et eft désespérée de fes
fouffrances. C'eft moi qui ai fait recevoir chez ma belle - fœur le brave
Marquis, c'eft moi qui l'ai amené ici
hier, je m'applaudis d'être l'inftrument dont la providence s'eft fervie
pour fauver ma fœur et ma chère nièce.
Adieu, Mademoifelle , foyez fans

inquiétude, et comptez fur nos foins
pour votre amie, j'ai l'honneur d'être
etc. etc.

LETTRE LXXI.

LA CESSE DE LOEWENSTEIN.

A

MELLE EMILIE DE WERGENTHEIM.

Mon oncle vous a mandé, ma chère
Emilie, le danger affreux que nous
avons couru ma mère et moi, et quelle
main nous a arrachées aux flammes, à
la mort. Un quart d'heure plus tard,
c'en était fait de ma mère et de votre
Victorine. Nous étions dans un petit

corridor où la flamme n'avait pas ga-
gné, mais où nous étouffions de fumée,
et je ne fais quel inftinct nous avait portées à nous coucher à terre, la bouche
presque collée fur le plancher, afin
de pouvoir respirer. Je ne vous dirai
pas ce qui fe paffait en moi, ma tête
était perdue et ce qui me reftait de
fentiment était pour ma malheureufe
mère. Tout d'un coup j'ai entendu
crier : madame ! madame la Comteffe !
et fans rien pouvoir diftinguer je me
fuis fenti enlever, mais j'étais comme
évanouie. La flamme cependant, en
me portant fur les joues, m'a fait un
peu revenir, mais pas affez pour avoir
toute l'horreur du fpectacle qui m'en-
vironnait ; une idée confufe du Marquis m'a frappée comme dans un rêve ;
ma mère fuivait, fortement tenue par
la main du Marquis ; c'eft ainfi que
nous fommes parvenues dans la cour.

On m'a jeté de l'eau, et le Marquis, que j'ai reconnu à la clarté du feu qui éclairait comme en plein midi, m'a portée dans une chambre. Le reste, vous le savez; vous êtes inftruite de fon état, de fa main, de fes jambes, dont il n'a rien fenti pendant plus d'une heure; il fouffre beaucoup, mais il n'y a rien à craindre. Je lui dois la vie de ma mère, je lui dois la mienne, et fans lui, Emilie, il n'y aurait plus de Victorine pour vous. Il femble qu'il foit honteux des obligations que nous lui avons, et en fe livrant à la joie comme un autre, on ne croirait pas que c'eft lui qui en eft le principe. Je ne le quitte pas de tout le jour; que ne puis-je adoucir fes fouffrances! Il eft heureux de me voir, c'eft fon ouvrage qu'il contemple. Je dîne avec lui, et quelquefois je le fers: ma mère eft en tiers. Ah! ce

n'eſt pas le moment des vaines délicateſſes, mon Emilie; mais combien
il faudra dans quelques jours prendre
ſur moi! On eſt encore dans l'ivreſſe
et rien ne frappe que le danger, et le
courage du Marquis; mais il faudra
que tout rentre dans l'ordre, et ſe
ſoumettre aux convenances; pour mon
propre bonheur, il faudra mettre un
terme à des effuſions de reconnaissance, qu'il ſerait bien difficile de dis-
tinguer de la plus vive tendreſſe. Le
Marquis a ſouvent les larmes aux
yeux, et en ſe réveillant avant-hier
et me voyant auprès de lui, occupée
de rattacher une ſerviette qui entou-
rait ſon bras, il s'eſt écrié: eſt-ce un
ſonge, ma chèreComteſſe; il s'eſt repris:
pardon Madame, que vos ſoins ſont
touchans, ou plutôt déchirans! Quelle
illuſion ne me font pas de tels ſervices!
une forte de déſespoir s'eſt emparé

de lui, et il s'eſt écrié : ah ! jamais jamais. Je ſuis reſtée interdite, et craignant pour lui le retour de la fièvre
cauſée par l'agitation, je lui ai pris la
main en le priant de ſe calmer. Il a ſaiſi
fortement la mienne qu'il a pórtée
vers ſon cœur, et m'entraînant vers
lui, de ſon bras malade il m'a embraſ-
ſée avec une ardeur qui m'a effrayée.
L'effort qu'il venait de faire a fait
tomber les linges qui entouraient ſon
bras et ſa main, et lui a cauſé la plus
vive douleur ; j'ai ſaiſi le prétexte
d'aller chercher le chirurgien qui le
panſe, et je me ſuis enfuie dans un
trouble que je ne puis vous rendre.
En vérité, ma chère Emilie, les transports du Marquis m'ont presque cauſé
la même terreur que le feu ; je tâcherai, ſans affectation de ne plus me
trouver ſi ſouvent ſeule avec lui, et
d'être à quelque diſtance. Je l'ai revu

le soir, et dans un moment que nous avons été seuls, il m'a dit: si je pouvais me mettre à genoux je vous demanderais pardon. Dites - moi que vous m'avez pardonné, Madame. — Vous avez été, mon cher Marquis, trop puni de votre extravagance, par la douleur que vous avez éprouvée, pour que je m'en souvienne. Soyez ma tendre sœur, m'a - t - il dit, faites-moi serment d'être ma sœur. Eh bien! soit, lui ai - je répondu, mon frère et le plus aimé des frères. . . . . . En vérité, ma chère, votre Victorine éprouve trop d'émotions, et les violentes secoüsses de son ame altèrent un peu sa santé. Venez, venez de grâce pour lui rendre un peu de calme; votre présence est un baume salutaire pour moi. Vos avis pénètrent avec tant de douceur dans mon esprit; vous savez la langue de mon cœur et il

s'épanouit quand je vous écoute,
comme la fleur à la rosée du matin.
Adieu, ma tendre amie.

LETTRE LXXII.

—

Melle Emilie

a

La Cesse de Loewenstein.

Je sens, ma chère amie, que vous
devez avoir besoin de repos, et je
voudrais savoir le Marquis en état de
partir, ce qui ne peut être long à ce
que je crois ; mais en attendant, j'ai
pressé ma mère de me permettre
d'aller vous voir, et un vieux cousin,
qui est presque un grand oncle, s'est

chargé de me fervir de chaperon pendant ce petit voyage. Ma mère s'en
rapporte à vous et à votre mère, quand
je ferai arrivée ; mais vous connaiffez
fes fcrupules, fa fille feule fur un
grand chemin! cette idée la fait fré-
mir. J'ofe dire qu'elle eft bien fûre
de moi ; mais elle ne veut pas, dit-elle,
que jusqu'à mon mariage, il y ait un
quart d'heure de ma vie, où la malignité puiffe dire que j'ai eu une
occafion de mal faire. Ainfi donc grâce
à ce coufin, bien connu pour tel dans
tout le pays, remarquable par fon im-
menfe perruque à la brigadière, par
une ample cravatte à la mode du
temps de l'empereur CHARLES VI ;
enfin par tout ce qui peut impofer
filence à la plus fubtile méchanceté,
je ferai, grâce à cet homme respectable, demain pour dîner chez vous.
J'aurai grand plaifir à voir votre

libérateur, malgré quelques chagrins
qu'il nous caufe et nous caufera peut-
être encore; je débuterai par l'em-
braffer en préfence de tout ce qui fe
trouvera chez lui, et de ma mère fi
elle y était; vous pouvez dès aujour-
d'hui le prévenir de cette faveur, afin
qu'elle ne lui caufe pas de trop vives
émotions. Aujourd'hui qu'il eft à jamais
le quatrième dans mon cœur, qu'il eft
le fauveur de ma Victorine, quels
droits n'a - t - il pas fur moi ? J'espère
beaucoup de ma vifite, ma tendre amie,
pour votre tranquillité.   Votre cœur
fera moins agité, quand il pourra s'é-
pancher dans le fein de l'amitié. Les
pleurs, les cris foulagent la douleur;
c'eft autant d'iffues que la nature
femble lui avoir préparées pour diminuer de fa violence. Pourquoi les
plus grandes douleurs font - elles
muettes et laiffent - elles les yeux

fées ? c'eft qu'elles font plus fortes que les reffources ménagées par la nature. Il en eft de même dans le phyfique; lorsque le mal ne peut fe faire jour au dehors par des éruptions, il étouffe le malade. Pardonnez à votre métaphyficienne ce petit écart. Je reviens à vous, en laiffant toute comparaifon; je crois que vous trouverez du foulagement à parler à cœur ouvert à une autre vous-même. J'ai fouvent éprouvé, lorsque j'avais quelque chagrin, qu'après avoir caufé avec vous, il me femblait que j'étais foulagée d'un grand fardeau. Vous penfez bien, ma chère Victorine, que fi je ne réponds pas en détail à votre lettre, ce n'eft pas qu'aucune circonftance m'en foit échappée; mais fi près de vous voir je préfère de vous en entretenir à fond, fans quoi je vous enverrais dix pages: à demain, ma tendre amie.

LETTRE LXXIII.

—

LE MARQUIS DE ST. ALBAN
A LA
DUCHESSE DE MONTJUSTIN.

Cette lettre eſt uniquement, ma chère couſine, pour vous parler de notre aimable orpheline. J'ai été dîner aujourd'hui chez la Comteſſe, où j'ai trouvé CHARLOTTE, qu'elle garde pendant une quinzaine de jours avant de la mettre au couvent. Figurez-vous une jeune fille qni ſemble vous chercher pour vous ſourire ; ſon habillement eſt ſimple, ſes cheveux flottans, ſes manières ingénues. Vous lui parlez, ſa phyſionomie prend alors un air d'intérêt ;

Z 3

elle a dans fes regards un air de douceur et d'intelligence, fon fourire eft enchanteur. L'innocence et la paix règnent fur fon front, mêlées à quelques nuages de trifteffe. On voit qu'elle a moins le défir de plaire que l'envie que vous foyez content d'elle; on parle de mufique, il ne ferait pas befoin de lui faire des inftances, mais fon deuil l'arrête; elle chanterait auffi à la plus légère envie qu'on lui en témoignerait. Elle fe met à fon clavecin fi vous défirez l'entendre, et dans ces circonftances c'eft pour jouer des airs triftes, comme le *ftabat* de Pergolese. Ses yeux fe font remplis de larmes pendant qu'elle exécutait ce morceau fublime et touchant, et tout cela n'eft point pour faire briller fes talens, mais pour vous fatisfaire. Une autre jeune fille va et vient autour d'elle; quelques mots de familiarité par - ci par - là ; eſt - ce ſa ſœur, eſt-ce une compagne ? . . . Non, c'eſt une orpheline qu'on lui a donnée pour la ſervir et lui tenir compagnie ; le Commandeur ne manque à rien et a trouvé le moyen de faire en même temps deux bonnes œuvres. La familiarité de cette enfant n'eſt pas celle d'une mercenaire enhardie par les bontés de ſa maîtreſſe, c'eſt celle de l'innocence qui croit tout payer en aimant ; c'eſt celle de la jeuneſſe qui ne voit d'inégalité que l'âge. Voilà, ma couſine, comment j'ai trouvé CHARLOTTE, et je m'empreſſe de vous en faire part pour que vous ſachiez que votre petite protégée eſt digne de vos bontés. Elle m'inſpire le plus tendre intérêt, et ſi jamais les choſes revenaient dans l'ordre ancien, je mettrais CHARLOTTE en état de faire un bon mariage ; car la pauvre

enfant, dans tous les cas, n'a rien à
espérer, toute la fortune de son père
confiſtait dans les bienfaits du Roi.
Adieu, ma chère couſine.

LETTRE LXXIV.

La Cesse de Loewenstein
à
Mlle Emilie de Wergentheim.

Il a fait hier le plus beau temps du
monde, et mon oncle, qui était de bonne
humeur à déjeûner, m'a demandé comment je me portais, et ſi je ne ſerais
pas bien aiſe de faire une belle promenade? je l'ai aſſuré que j'en ſerais
charmée. Il a auſſitôt propoſé de faire

porter le dîner dans la forêt, auprès
de cette charmante fontaine que vous
connaissez, et où vous êtes venue
plusieurs fois. Les ordres ont été
donnés à la cuisine de tout préparer,
et deux heures après toute la famille
a monté en voiture, et mon oncle a
voulu que je vinsse avec lui dans la
calèche. Au moment de partir, il a
dit: mais si le Marquis venait pour
dîner, il y a long-temps qu'on ne
l'a vu. Eh bien! a dit ma mère, il
pourrait prendre ici un cheval ou un
cabriolet et nous venir joindre. — Il
y a quelque chose de mieux à faire,
allons dîner chez lui. Nous lui don-
nerons un grand embarras, a dit ma
mère. — Tant mieux, cela nous amu-
sera un petit moment, et il ne durera
pas long-temps, puisque nous avons
notre dîner. On a fait quelques ob-
jections; mais vous connaissez mon

oncle, il a infifté et a donné les ordres au cocher. Pendant la route, il m'a répété plufieurs fois : il fera bien empêtré en nous voyant arriver à l'heure du dîner ; ne ferez-vous pas bien aife de le voir dans fon hermitage ? Il a fu fort bien arranger fon petit appartement ; pour un homme galant comme lui, c'eft bien le cas de tuer le faucon, pour bien traiter une auffi belle dame. Vous vous fouvenez bien de cette hiftoire, n'eft-ce pas ? Je ne fais plus où j'ai lû cela, mais enfin c'eft un cavalier fort pauvre, qui, n'ayant rien à donner pour dîner à la dame de fes penfées.... — Ah je fais, je fais mon oncle. Vous pouvez imaginer tout ce qui s'eft paffé dans mon esprit pendant la route. Je le répète encore, je le dirai mille fois, il y a dans le monde des fatalités, et je crois que fi tous les gens qui ont commis des crimes, expliquaient par quelle gradation de circonſtances ils ſont arrivés au fatal moment qui les a rendu coupables, on en trouverait pluſieurs dignes au moins d'être plaints. C'eſt ſans doute pour cela qu'on ſe ſert en Français du mot de malheureux ; en parlant d'un criminel, on dit : *c'eſt ce malheureux qui a volé, qui a tué.* Il eſt des gens pour qui la vertu eſt bien facile ; mais celui qui eſt pourſuivi par le beſoin, et qui trouve ſous ſa main une ſomme qui peut le tirer de la miſère ! . . . . plaignons - le, ma chère, et gémiſſons de la barbarie des lois qui mettent dans la même balance la vie d'un homme, et une pièce de monnoie. Je faiſais ces réflexions pendant la route ; de ce qui peut mériter la commiſération, je paſſais à ce qui peut mériter l'indulgence ; des crimes je paſſais aux faibleſſes ; mais ce n'était pas, ma chère amie, pour me préparer à l'avance des excufes. C'était les autres qui étaient l'objet de ma compaffion, et je me rappelais les malheurs de la vicomteffe de Vassy et fon innocence ; enfin je fongeais à la rigueur avec laquelle on a traité la baronne de * * *, entourée de pièges, auxquels peut-être aucune femme ne peut fe vanter qu'elle eût fu échapper. Mon courage s'affermiffait par la néceffité d'en faire ufage, et fi j'avais befoin d'autres motifs, l'orgueil, je crois, viendrait à mon fécours, en me faifant voir combien il eft glorieux de triompher en quelque forte du fort. J'étais donc plus difpofée que jamais à être fur mes gardes et à ne pas donner au Marquis la plus légère occafion de me parler indirectement de fes fentimens. J'étais bien déterminée à compofer mes regards et à prendre

un maintien éloigné de la contrainte et
de la familiarité, et à ne pas ménager
fuivant l'occafion, les termes qui ca-
ractérifent la plus vive *reconnaiffance*,
à fouvent prononcer ce mot comme
un mot de ralliement pour bien fpé-
cifier le genre de mes fentimens, et
lui donner, en quelque forte, la mefure
de ceux qu'il a le droit d'attendre de
moi. Nous fommes arrivés, et BER-
TRAND, qui était dans la cour, a fait
de grandes exclamations. Mon oncle
lui a fait figne de fe taire et de nous
conduire à l'appartement du Marquis.
Il voulait me faire entrer la première,
mais je m'en fuis défendue ; il eft entré et nous l'avons fuivi ; le Marquis
était occupé à écrire, et fa furprife
ne peut fe rendre ; mon oncle l'a embraffé et lui a dit : Marquis, nous
venons vous demander à dîner. —
Mesdames, tout eft ici à vos ordres,

mais excepté du lait et des œufs, vous ne trouverez rien à trois lieues à la ronde. C'est le cas *de tuer le faucon*, a dit mon oncle. J'ai cru à ce mot qu'il se trouverait mal, et il m'a regardée d'un air pénétré. Je me suis hâtée de dire : voilà, un homme bien embarrassé pour un dîner. BERTRAND était derrière nous qui se désolait; Mesdames, a-t-il dit, je crois que le père SCHMITT a un bon jambon, et je fais faire de la soupe à l'oignon; et nous de rire, et BERTRAND de se fâcher pour la gloire de son maître, et de dire à ma mère : si Madame était venue avec encore quatre carosses au château de Monseigneur : . . . . . son maître l'a regardé d'un air sévère. — Eh bien ! le mot de monseigneur est lâché; je suis habitué à cela moi dès l'enfance; et s'adressant à mon oncle : monsieur le Marquis m'a défendu,

depuis qu'il eſt émigré, de l'appeler
ainſi. Mon oncle a dit : eh bien! monſieur BERTRAND, votre maître a raiſon et vous auſſi. Enfin on a tiré le
Marquis d'embarras ſur le dîner, et
ç'a été pour lui un grand ſoulagement.
Nous avons regardé quelques deſſeins
fort jolis; nous en avons ſur-tout fort
loué un qui repréſente ſon pavillon et
quelques points de vue qui ſont à
l'entour. Voilà encore le deſtin qui
m'a fait offrir ce deſſein, et je n'ai pu
me dispenſer de l'accepter. Nous
avons dîné dans un petit cabinet de
verdure fort joli, où il faiſait très-
frais, et toute la compagnie a été fort
gaie. Mon oncle à la fin du dîner
m'a dit de chanter, et quoi? ſon air
favori, ce bel air, *voi chi languite
ſenza ſperanza.* Vous voyez que ſi
on avait voulu faire choix de paroles
propres à m'embarraſſer, on n'aurait

pas pu mieux réuſſir. Il me ſerait difficile de vous dire quelle a été la contenance du Marquis ; j'évitais ſes regards ſans affectation, et je parlais ſouvent au Commandeur qui était auprès de moi, ce qui me faiſait détourner de ma droite où était le Marquis. Après le dîner mon oncle a été faire la *ſieſte* dans la chambre du Marquis, et nous avons été nous promener dans un fort joli bosquet qui touche le pavillon. Une demi-heure après, comme il faiſait trop chaud, nous ſommes revenus attendre le réveil de mon oncle dans un petit ſallon qui eſt au premier, et mon mari a été parler au concierge d'un achat de fourrage. Ma mère, quelques momens après, m'a dit, qu'elle avait oublié ſa boîte ſur le banc. Je me ſuis levée pour appeler un domeſtique, et n'ayant trouvé perſonne, j'ai été

moi-même la chercher; en tournant
une petite allée qui mène à l'endroit
que nous venions de quitter, j'ai vu le
Marquis, qui avait été nous y chercher.   Ah! vous voilà seule, Madame,
par quel hasard? Je lui ai dit le sujet
qui m'amenait dans le jardin, et tout
en parlant je suis arrivée près du banc,
il s'est empressé d'y prendre la boîte
et de me la remettre: j'ai repris le
chemin du pavillon. — Le Commandeur avait bien raison, Madame, en
parlant de faucon . . ., j'ai doublé le
pas en disant: voilà comme est mon
oncle. Le Marquis a soupiré: vous
êtes bien pressée, Madame. — Ma
mère m'attend, et je me suis mise à
courir un peu. Ah! me fuir, c'est
trop fort; de grâce, Madame. Il m'a
prise par le bras pour m'arrêter: une
minute, m'a-t-il dit. — On m'attend,
et j'ai voulu continuer à courir. Il

ne m'a pas quittée, et répétant avec vivacité: quoi me fuir! courir! il m'a prise dans ses bras et m'a serrée fortement, et pendant une minute ou deux il est resté immobile en me regardant de l'air le plus passionné. Je me suis efforcée de me dégager et un mouvement que j'ai fait m'ayant rapprochée de son visage, il a pressé ma bouche de ses lèvres à plusieurs reprises, avec une ardeur effrayante. J'ai crié et BERTRAND est accouru. Jugez de ma confusion, c'est alors seulement que le Marquis ma laissé libre. M'étant arrêtée un moment, à quelques pas de lui, je l'ai regardé avec indignation, et lui ai dit: je ne vous reverrai jamais. Je crois même avoir murmuré le mot d'insolent. Qu'ai-je fait! a-t-il répondu, comme revenant à lui, je suis un homme perdu! Il a été assez long-temps sans rentrer et est revenu avec mon mari ; mon oncle n'a pas tardé à nous rejoindre ; mon mari a parlé fourrage, et le Marquis s'eſt efforcé de prendre part à cette converſation pour cacher ſon embarras. Il a conté hiſtoire ſur hiſtoire ſur le danger des fourrages de mauvaiſe qualité, ſur les friponneries des entrepreneurs militaires ; j'ai cauſé avec ma mère, et quelque temps après on a apporté du thé. L'heure du départ eſt enfin arrivée à mon grand contentement, et mon oncle en partant lui a fait promettre de ne pas tarder à nous venir voir. Je ſuis ſérieuſement irritée contre lui : ſe laiſſer aller à toute l'impétuoſité de ſes mouvemens au mépris de tout ce qui peut arriver, uſer enfin de violence ; vous trouverez qu'il ne peut être juſtifié. Envain chercherait-il à s'excuſer ſur l'ardeur de ſa paſſion, puiſqu'on pourrait

invoquer les mêmes motifs d'excuse
pour les derniers excès, pour les plus
grands attentats. | Pensez - vous, ma
chère amie, qu'il ne soit pas triste de
perdre toute confiance dans un homme
à qui l'on doit la vie, et que ses qualités et ses agrémens rendent si in-
téressant dans la société : puis-je être
un instant sûre de lui ? Il ne m'a que
trop appris à n'y pas compter ! Comment recevoir un homme qui a perdu
le souvenir de tout respect pour moi,
et comment cesser de voir celui à qui
je dois la vie de ma mère et la mienne !
S'il était en mon pouvoir de faire
quelque voyage, ce serait le mieux ;
mais il serait bien dur pour moi d'être
obligée de me séparer de vous, et
pourquoi ? parce qu'il plaît à un
homme de m'aimer ; hélas ! je ne dis
pas tout, et si je veux être juste, il
faut commencer à l'être envers

moi-même; le Marquis ne serait pas
si dangereux, si mon cœur ne conspi-
rait pour lui; s'il me permettait de
le repousser avec toute la sévérité de
l'indifférence: c'est donc contre moi
aussi que j'ai des précautions à prendre.
Sa témérité d'hier m'a laissée dans un
trouble qui ne venait pas seulement
de la surprise et du mécontentement;
il y avait dans ce trouble quelque
chose qui allait jusqu'à mon ame, et
une sorte de plaisir, je crois, se mê-
lait à une véritable colère; c'est en
réfléchissant cette nuit à ce qui m'est
arrivé, que j'ai démêlé ces divers mouvemens. C'est ma raison alarmée qui
a porté sa lumière dans mon ame, et
m'a donné ces avertissemens. L'idée
m'est venue de me confier à ma mère;
qu'en dites-vous? Instruite de la
situation de mon ame, et des inquiétudes que me cause le Marquis, elle

pourrait fans affectation me dérober à fes empreffemens, et toutes les fois qu'il ferait avec moi, me fortifier de fa préfence. Enfin, avec un peu d'adreffe, elle pourrait éloigner les occafions de le voir et en diminuer le nombre. Réfléchiffez, ma chère Emilie, aux moyens d'affurer le repos de votre amie.

LETTRE LXXV.

LE PRÉSIDENT DE LONGUEIL
AU
MARQUIS DE ST. ALBAN.

Permettez, mon cher et jeune ami, que pour cette fois je ne défère pas à votre défir, et à celui de votre fociété. Je n'entreprendrai certainement pas d'écrire l'hiftoire de l'incroyable révolution de la France (*) : c'eft une tâche que je laiffe à des

____

(*) Le Marquis avait fans doute propofé au Préfident de s'occuper d'écrire l'hiftoire de la Révolution.

hommes plus habiles, et il faut attendre que l'avenir ait dévoilé des res-
sorts qui nous font inconnus. Je vous
furprendrai au refte, en vous difant
qu'après avoir attentivement réfléchi
fur la Révolution, elle ne me paroît
pas devoir former pour la poftérité,
un corps d'hiftoire auffi intéreffant
qu'il paroît d'abord devoir l'être, fi
ce n'eft par fes effets ultérieurs. Voici
fur quoi je me fonde, pour être de ce
fentiment: il n'y a d'intéreffant dans
l'hiftoire, comme dans les tragédies,
que la lutte de divers partis, qui tient
l'esprit en fuspens; mais dans la Révolution tout a été emporté d'un
mouvement extrême, fans rencontrer
d'obftacles, et le caractère de ceux qui
ont eu part à l'acien gouvernement,
eft le feul principe de fa totale fub-
verfion. Ce n'eft point par une fuite
d'événemens, et par l'affemblage de

matériaux depuis long-temps prépa-
rés, que le plus incroyable changement a été opéré et la Révolution eſt
purement accidentelle. Pluſieurs l'at-
tribuent aux écrits des philoſophes,
dont l'influence a été ſenſible en
France; et particulièrement, depuis
qu'ils ont fait corps, ſous le nom d'En-
cyclopédiſtes; mais ſi l'on ſuit attentivement la marche de la Révolution,
il ſera facile de voir, que les écrivains
appelés philoſophes, ont pu la fortifier,
mais ne l'ont pas déterminée; parce
qu'une maiſon a été bâtie avec les
pierres d'une carrière voiſine, ſeroit-on
fondé à dire qu'elle n'a été conſtruite
qu'en raiſon de ce voiſinage? il eſt
bien plus probable, que le deſſein
conçu, on s'eſt ſervi des matériaux
qui étaient à portée. La philoſophie
répandue dans les écrits modernes,
n'a pas été le principe de la Révolution;

Tome II.   **B b**

mais une fois commencée, par quelque principe que ce foit, on s'en eft appuyé ; c'eft lorsque les esprits ont été en mouvement, qu'on a cherché dans J. J. ROUSSEAU, et d'autres auteurs, des maximes et des principes favorables au fyftème que les circonftances donnaient espoir d'établir.   Un esprit fubtil chercherait donc en vain, dans les temps antérieurs, des germes qui fe font peu à peu développés.   Le caractère de quelques perfonnes tracé, et la foibleffe de l'oppofition mife dans tout fon jour, la Révolution en devient un effet presque néceffaire ; fa marche a été déterminée et hâtée par cette foibleffe ; le défaut de réfiftance a rendu tout poffible, et femblable à un torrent qui ne trouve aucune digue, elle a tout dévafté.   Alors l'intérêt manque, parce qu'il n'y a point de combats, dans lesquels l'esprit admire

les efforts respectifs du courage, l'habileté de l'attaque et de la défenfe, et
dont la curiofité cherche à deviner
l'iffue.

Les événemens de la Révolution,
font à la fois, et trop uniformes et
trop atroces, pour ne pas rebuter le
lecteur: toujours des maffacres, des
fupplices, des emprifonnemens. . . . .
TACITE ayant à décrire de pareils
faits, en montre fa répugnance. ,,La
,,defcription, dit - il, des pays et des
,,moeurs, la variété des combats, la fin
,,mémorable des généraux, attachent
,,le lecteur et réveillent fon attention.
,,Pour moi je ne fais que raffembler
,,des ordres tyranniques, des accu-
,,fations continuelles, des trahifons
,,et des fupplices, toujours mêmes
,,fcènes, mêmes cataftrophes, par tout
,,une dégoutante uniformité.`` Mon-
TESQUIEU dans fon ouvrage fur *la*

décadence des Romains, s'exprime
ainfi : ,, je détourne les yeux des
,, profcriptions de SYLLA et de MA-
,, RIUS et n'entre dans aucun détail
,, fur ces affreux événemens. ''

Les fcènes tragiques excitent un
vif intérêt et de violentes émotions;
mais fi elles font outrées elles produi-
fent l'horreur : qui peut s'occuper des
détails du feftin *d'Atrée* et de *Thyefte*?
J'ajouterai, que cette foule de fectes
qui s'élèvent les unes fur les autres,
et d'hommes dont les noms obscurs
n'ont aucune connexion avec des
perfonnes antécédemment connues par
la naiffance, les emplois et la fortune; que ces hommes, fortis tout à
coup de l'obscurité, pour jouir pendant quelques jours d'une influence
paffagère, et finiffant fur un échafaud,
ne peuvent intéreffer. MAZANIELLE
était, dira-t-on de l'état le plus vil,

mais c'eſt la baſſeſſe même de ſa con-
dition qui le rend intéreſſant. Il eſt
ſimple, que des hommes qui ont reçu
de l'éducation, qui ont réfléchi,
que des avocats, des jurisconſultes
émus ſoudainement par de grands
intérêts, agités d'une ambition dont
les circonſtances étendent à l'infini
l'horizon, montrent des talens ; mais
quand on voit un jeune homme de la
lie du peuple, un ſimple pêcheur, ac-
quérir en quelques heures le plus
grand ascendant ſur la multitude, juger avec rigueur, mais avec juſtice
et ſagacité, faire de ſages règlemens,
montrer une ame noble et courageuſe,
et exercer un pouvoir ſouverain, le
perſonnage s'ennoblit et l'imagination
eſt étonnée et ſaiſie de ce ſubit développement de rares facultés. Mais
qui ſe ſouviendra, *des fédéraliſtes,
des Briſſotins, des feuillans*, qui ſe

rappellera les noms de BARBAROUX, de GUADET, de GENSONNE', et de tant d'autres ? L'histoire d'une telle révolution doit être écrite à grands traits, et ceux qu'une curiosité extrême portera à savoir des détails, pour la plupart dégoutans, compulseront les écrits du temps et les archives du crime. On peut dire de cette histoire, bien plus justement que de celle d'Angleterre, qu'elle devrait être écrite par le Bourreau.

Adieu, mon cher ami, *vale et ama.*

LETTRE LXXVI.

La Duchesse de Montjustin
A
Melle Emilie de Wergentheim.

Je m'adreffe à vous, Mademoifelle, avec confiance, pour prévenir un grand malheur, et c'eft un fingulier fervice que celui que j'ai à demander à une jeune et vertueufe perfonne. Je ne crois pas vous révéler un fecret, en vous difant que mon malheureux cou- fin eft éperduement amoureux de votre amie; mais ce fentiment dénué de tout espoir, n'a rien qui puiffe offenfer la Comteffe, et elle doit quelque com- paffion à un malheureux, qui ne l'eft que parce qu'il fent trop vivement tout ce qu'elle vaut. Je vais, Mademoi-felle, vous expliquer l'objet dont il s'agit. Le domeſtique du Marquis eſt venu hier chez moi ; fon vifage était renverfé, et à peine pouvait-il par-ler. Il m'a dit, fondant en larmes, que madame la comteffe de Lœwenſtein, le Commandeur, enfin toute la famille était venue dîner chez fon maître, et qu'après leur départ il était rentré dans fa chambre avec l'air comme égaré ; qu'il avait voulu lui fervir à fouper, que le Marquis l'avait re-fufé, et l'avait renvoyé en difant qu'il n'avait pas befoin de lui ; qu'a-près cela il l'avait entendu fe pro-mener à grands pas et parler tout feul jufqu'à trois heures. Le matin le brave BERTRAND eſt entré dans fa chambre et a vu avec peine qu'il refufait fon déjeuner ordinaire. Le

Marquis a écrit et lui a dit : je suis malade ; voilà une recette pour des pillules qui font bonnes pour mon état, il faut aller à Francfort m'en chercher. BERTRAND est parti et est arrivé en toute diligence. Il s'est rendu aussitôt chez l'apothicaire, qui voyant la note, lui a dit en Allemand *nichts* avec humeur. BERTRAND a insisté, et le maître a appelé un garçon qui sait un peu le Français et qui lui a dit : qui est-ce qui vous a donné une pareille commission ? — C'est mon maître. — Eh bien ! Monsieur, on ne donne de l'*opium* que fur une ordonnance de médecin, et il y a là de quoi empoisonner trois personnes. BERTRAND a remercié l'apothicaire de son avis, et est accouru chez moi tout effaré. Je connais le Marquis, Mademoiselle, et je fais qu'aucun événement qui intéresse sa fortune ne pourrait le déterminer à un acte désespéré. Il m'a donc paru évident qu'il s'était paſſé quelque choſe entre la Comteſſe et lui, qui l'avait réduit au désespoir. Je n'ai pas balancé à partir pour me rendre auſſitôt chez lui, et j'ai dit à BERTRAND de venir avec moi, mais de me quitter à un demi-quart de lieue, et je lui ai fait ſa leçon qui conſiſte à dire à ſon maître qu'il n'y avait point d'opium préparé, mais qu'il en recevrait le lendemain. Je ſuis arrivée chez le Marquis qui était dans le bois à ſe promener, et j'ai attendu quelques momens dans ſa chambre. Hélas ! Mademoiſelle, j'ai eu auſſitôt la confirmation de ſon affreux projet ; ſur la table était ouvert un volume de VOLTAIRE, à l'endroit du monologue *d'Hamlet*, qui contient ces vers.

Demeure, il faut choiſir et paſſer
à l'inſtant

De la vie à la mort, et de l'être
au néant.

. . . .
. . . .

Qui suis-je, qui m'arrête et qu'est-
ce que la mort ?
C'est la fin de nos maux, c'est
notre unique afile ;
Après de longs transports, c'est
un sommeil tranquille :
On s'endort et tout meurt. . . . . .

A côté de ce livre était un brouillon
de lettre pour la Comtesse, rempli du
désespoir de l'avoir offensée, et un
testament. J'ai frissonné à l'aspect de
ces pièces, et je suis sortie pour chercher le Marquis, que j'ai trouvé à
quelques pas, pâle et défiguré. Par
quel hasard, ma cousine ? m'a-t-il dit.
Je suis venue, ai-je répondu, pour
vous voir en allant à Mayence, et
j'espère que vous me donnerez à dîner.

De tout mon cœur, a-t-il ajouté,
je fuis fait pour les furprifes; mais
BERTRAND n'eft pas ici, je vais parler à monfieur SCHMITT. BERTRAND
a paru au même inftant, il a couru à
lui et lui a parlé bas. Quand nous
fommes entrés dans fa chambre, il a
couvert fes papiers, fous prétexte de les
ranger; il a laiffé le livre et je l'ai
pris fans affectation en lui difant: on
prétend que ce monologue eft bien
plus beau dans l'original, cependant
il faut convenir que voilà de bien beaux
vers. Il a répété auffitôt, avec une
forte d'emphafe, et à plufieurs reprifes.

Que fuis-je, qui m'arrête et qu'eft-ce
que la mort?

Fi donc! lui ai-je dit, mon cher coufin;
il femble que votre esprit fe plaît dans
ces triftes idées. Triftes ou non, a-t-il
répondu, elles font juftes. Je n'ai pas
cru devoir differter long-temps fur

ce fujet, et je me fuis bornée à lui répondre : vous m'avez dit cent fois vous-même, qu'il y avait plus de grandeur d'ame et de courage à braver l'infortune, à combattre contre les rigueurs du fort ; mais en vérité je ne fuis pas venue pour m'attrifter, parlons d'autre chofe. Nous avons été nous promener en attendant le dîner, et je lui ai parlé de fon habitation, de fes occupations ; enfin je me fuis efforcée d'éloigner toute idée trifte. Le dîner fervi, je lui ai dit qu'il pouvait renvoyer BERTRAND, et nous fommes reftés feuls. Je l'ai amené infenfiblement à me parler du dîner de la veille, et de la Comteffe. Enfin, Mademoifelle, il m'a avoué qu'il s'était rendu coupable envers elle d'une violence ; à fes agitations je ne favais fur quoi fixer mes idées, lorfqu'il m'a expliqué le fait, en me difant que la

Comtesse s'était mise à fuir à son ap-
proche, et qu'il avait perdu la tête
à cette marque de son aversion, ou
d'une crainte injurieuse pour lui;
qu'il avait osé la retenir, et la serrer
quelques momens entre ses bras,
qu'elle l'avait quitté de l'air le plus
irrité, qu'il voyait bien qu'il était perdu dans son esprit; car je n'ose, a-t-il
dit, parler de son cœur; et qu'il était
désespéré, hors de lui, qu'il n'avait
pas fermé l'œil. J'abrège, Mademoiselle, et je vous dirai seulement, qu'a-
près avoir employé toutes les ressources
de la raison pour le calmer, je lui ai
dit: vous avez tort; mais je connais
les femmes; croyez - moi, la Comtesse
était pressée de rentrer, et de porter
la boîte à sa mère, elle a été embar-
rassée de vos transports très-déplacés,
inquiète qu'on ne la surprît entre vos
bras; mais dans le fond il n'y a rien

qui ait pu férieufement l'alarmer ; ainfi je réponds que fa colère eft un petit orage qui fe calmera. Il doutait tou-jours, entrait de moment en moment dans un défespoir effrayant. Que vous dirai-je, Mademoifelle, j'ai pris fur moi de lui promettre que j'ob-tiendrais fa grâce fignée de la Com-teffe. Il ne pouvait croire qu'elle dai-gnât y confentir ; mais enfin il s'eft mis à genoux, pour me jurer que fi j'obtenais une telle faveur, jamais elle n'aurait rien à lui reprocher. Je l'ai laiffé dans un état affez tranquille, en lui promettant qu'il aurait demain la lettre que je lui faifais efpérer, et je lui ai dit d'écrire deux mots à la Comteffe, dont je me chargeai. J'ai profité du temps qu'il a paffé à écrire pour parler à BERTRAND, lui re-commander de ne point le quitter, et de lui dire, s'il demandait ce qu'il lui avait envoyé chercher, que fans doute on n'avait pas bien compris l'adreffe. Arrivée ce foir ici je me fuis rendue chez vous, l'on m'a dit que vous foupiez en ville, et pour ne pas perdre de temps, je vous écris ce long détail que vous recevrez en rentrant. Daignez, Mademoifelle, envoyer de grand matin chez la Comteffe et invoquez fon amitié pour obtenir une réponfe favorable, que fon esprit faura tourner d'une manière qui ne la compromette aux yeux de qui que ce foit. Songez, Mademoifelle, qu'un refus réduira au défespoir, mon malheureux coufin, et que fa vie tient, peut-être, à quelques mots d'indulgence. Il ne faut pas moins qu'un auffi grand intérêt pour que je vous importune d'une pareille prière. Adieu, Mademoifelle, je meurs de fommeil et d'inquiétude; car qui fait les idées qui fe fuccèdent dans une

tête aliénée par la plus violente passion. Agréez mon tendre attachement, et l'affurance d'une éternelle
reconnaiffance.

LETTRE LXXVII.

Melle Emilie
A LA
Cesse de Loewenstein.

Lifez, ma chère amie, la lettre de
la Ducheffe, lifez celle du Marquis et
je fuis fûre que vous répondrez, parce
que vous tremblerez comme moi de
ce qui peut arriver . . . Un homme
qui a éprouvé de fi grandes infortunes

peut être facilement entraîné au désespoir; mais que lui répondre? me direz-vous. Ce qui se présentera à votre esprit, si juste, si habitué à faisir les plus délicates convenances. Je vous plains de tant d'importunités, et ne faut-il pas aussi que je me joigne à la conspiration générale? En vérité, ma chère amie, je vous crois destinée à donner un grand exemple à notre sexe, comme vous l'êtes à en faire l'ornement. Adieu, ma chère amie.

LETTRE LXXVIII.

—

LE MARQUIS DE ST. ALBAN
A LA
CESSE DE LOEWENSTEIN.

Ma coufine a vu mon défespoir, Madame, elle en a été touchée et me laiffe efpérer un généreux pardon. J'aurais horreur de moi, fi vous penfiez que j'ai eu l'idée de vous offenfer. Tous les anges du ciel femblent à mes yeux vous environner, et repouffer loin de vous toute atteinte profane; la douleur de vous voir me fuir m'a égaré, et j'ai agi un inftant en infenfé. Daignez me rendre à la vie:

je ne dis pas trop; haï de vous, elle me ferait un fardeau insupportable. Voyez-moi à vos pieds, voyez mes larmes et croyez que jamais mortel n'a adressé à Dieu un hommage plus pur et plus désintéressé.

LETTRE LXXIX.

—

La Cesse de Loewenstein
au
Marquis de St. Alban.

Pouvez-vous oublier, Monsieur, que je vous dois la vie de ma mère, et quel ressentiment ne calmerait pas un aussi touchant souvenir? J'ai trop bonne opinion de vous, et j'ose dire de moi, pour croire que vous ayez voulu m'offenser. Mes parens voyent en vous, Monsieur, le sauveur d'une femme respectable et celui d'une fille qu'elle chérit. Mon oncle, ma mère, vous regardent comme leur fils, et

pour moi, qui vous ai de fi grandes
obligations, je vous offre de nouveau,
tous les fentimens de la plus tendre
fœur, et vous garantis la même place
dans le cœur de mon aimable Emilie.
Toute une famille à aimer, Monfieur,
et l'amie de la famille! voilà, de quoi
exercer la fenfibilité de votre cœur.
Recevez l'affurance de ma fincère amitié, et de mon éternelle reconnaiffance.

LETTRE LXXX.

—

LA Cesse DE LOEWENSTEIN.

A

Melle Emilie DE WERGENTHEIM.

Je n'éprouverai jamais de trouble pareil à celui où m'a jetée votre lettre, mon aimable Emilie, et il m'eſt impoſſible en ce moment encore, de rappeler mes fens, pour vous exprimer tout ce qui s'eſt paſſé en moi. Je tremble, je tremblerai jusqu'au moment où le Marquis aura reçu ma lettre. . . . Je lui ai écrit fans perdre de temps, et j'ai envoyé ma lettre par un exprès, à qui j'ai recommandé la

plus grande diligence. Je pense comme
vous ; comment être raffurée en pareille circonftance ! qui peut répondre
des idées funeftes, qui d'un inftant à
l'autre s'élèvent dans la tête d'un
homme égaré par le désespoir ? Il a
tout perdu, patrie, amis, parens, fortune, et dans cet état affreux de privations, fon cœur devenu encore plus
fenfible par le malheur, s'eft attaché
à un objet, qui n'aurait peut-être pas
fait grande impreffion fur lui dans une
autre circonftance; on lui enlève cet
objet, à qui le befoin d'aimer a prêté
mille charmes, et je conçois fon défespoir. Je l'ai maltraité, il n'a pu
fupporter ce dernier malheur, ajouté
à tant d'autres. J'attends avec un
battement de cœur perpétuel, le retour de mon exprès. S'il était arrivé
trop tard ! . . . . fi des réflexions dou-
loureufes fur fes malheurs paffés, fur

la circonſtance qui les a tous fait re-
vivre, portaient de nouveau un trouble
affreux dans ſon esprit . . . je frémis. Adieu, je vous écrirai ce ſoir
par un autre exprès. Adieu, mon
Emilie.

⸻

LETTRE LXXXI.

—

LE MARQUIS DE ST. ALBAN
A LA
CESSE DE LOEWENSTEIN.

J'étais à vos pieds pour implorer mon pardon, et je m'y proſterne de nouveau pour adorer la clémence de mon adorable ſoeur. Ah! permettez-moi de vous donner ce nom ſi doux à mon cœur, ce nom qui me rappellera ſans ceſſe le ſeul genre d'affection que je puis eſpérer de vous. Monſieur le Commandeur eſt dans ma chambre, il me preſſe de partir pour aller dîner chez lui et ne me laiſſe pas un moment pour vous écrire une plus longue lettre; mais ce n'eſt

pas tout, il exige de moi que je
l'accompagne ce soir chez vous, madame la Comtesse. J'ai épuisé toutes
les défaites possibles pour me réfuser
à son désir, il a eu réponse à tout, et
vous sentirez qu'il est bien difficile à
un homme isolé, sans relations, sans
affaires, de trouver des excuses vala-
bles, pour se dispenser d'un voyage
qu'on suppose devoir lui être agréable.
Vous connaissez le ton d'autorité du
bon Commandeur, et tous ses droits
sur moi; je n'ai pu me défendre de
ses instances. Il se plaît à dire que
vous me devez la vie; il est encore
bien plus certain que je vous la dois,
que . . . . . je suis obligé de finir, et
n'ai que le temps d'offrir à ma charmante sœur l'hommage de mon respect,
du plus tendre attachement, de la plus
profonde admiration et d'une éternelle reconnaissance.

D d 2

LETTRE LXXXII.

—

Le Marquis de St. Alban
au
Président de Longueil.

Vous ignorez, Monsieur, que vous êtes l'oracle d'une fociété que vous ne connaiffez pas ; j'ai fouvent cité vos jugemens fur les affaires de là France, j'ai rapporté de vous quelques-uns de ces mots qui décèlent la profondeur du génie, on en a été frappé, et dès qu'il s'agit de conjecturer fur les évé- nemens, de réfoudre quelque queftion importante, j'entends dire auffitôt : je voudrais bien favoir ce qu'en penfe le Préfident. L'entretien a roulé hier toute la foirée fur la fin d'une Emigrée qui s'eft tuée d'un coup de piftolet. Cette trifte aventure a donné lieu de raifonner fur le fuicide ; les uns ont prétendu que c'était un acte de courage, d'autres qu'il y avait plus de force d'ame dans celui qui favait fupporter le malheur. Vous connaissez cette thèfe qui a fouvent été agitée, et toutes les raifons pour et contre ; mais le caractère de la perfonne qui a terminé fi tranquillement fes jours femblerait décider la queftion, et rendre fufpect au moins le courage de ceux qui fe tuent. Vous la connaiffez, c'eft madame de ** **. Jamais femme ne fut plus timide, plus pufillanime ; une porte brusquement ouverte la faifait évanouir d'effroi ; elle avait peur de tout, des vivans et des morts ; habituée au

luxe, aux superfluités, aux recherches
de tout genre, ses besoins étaient sans
nombre, et une foule de petites commodités étaient pour elle d'une indis-
pensable nécessité. Il lui fallait, même
en voyage, des rideaux de taffetas
verd à ses fenêtres pour ménager ses
yeux, et des matelats bien rembour-
rés pour empêcher le bruit. Tout
cela paraissait ridicule, mais l'habitude en avait fait des besoins réels,
et deux pages ne suffiraient pas à
détailler les incroyables délicatesses
d'une femme faible et gâtée par une ex-
cessive opulence. Eh bien ! cette femme
s'est tuée, elle s'était enfuie de France
déguisée, et la peur lui avait donné
assez de force pour voyager plusieurs
jours seule, à travers champs. Retirée
à Hanau, petite ville peu éloignée de
Francfort, elle a consommé peu à
peu quelques fonds qu'elle avait su se

procurer, et réduite enfin à la dernière misère, elle a pris le parti désespéré d'une mort volontaire; un
pistolet a été l'instrument dont elle
s'est servi, et la malheureuse n'avait
jamais peut-être, osé toucher à un
pistolet, et tremblait certainement de
tout son corps, quand, dans le cours de
sa vie, le hasard lui en faisait entendre
le bruit. De cette mort nous avons
passé à celle des nombreuses victimes
de la Révolution. Elles montrent
toutes un courage égal, entendent
leur arrêt avec un air calme et mar-
chent au supplice avec une fermeté
qui semble ne leur coûter aucun effort (*). Quel est le principe de ce

____

(*) Une lettre de COLLOT d'HERBOIS sert
de preuve à cette opinion. Il mande au
Comité de salut-public: ,,Les exécutions ne

D d 4

courage univerſel ? Voilà, Monſieur, ce qui a triſtement occupé hier notre esprit pendant tóute la ſoirée, et les opinions ont été partagées à cet égard ; mais tout le monde s'eſt accordé pour vous demander votre ſentiment, et madame de LOEWENSTEIN a particulièrement inſiſté. Comment madame de * * * faible et craintive a - t - elle pu s'enhardir au point d'attenter ſur ſes jours ? comment des hommes

---

font pas tout l'effet qu'on devait en attendre. La prolongation du ſiége, (de Lyon) les périls journaliers que chacun a courus ont inspiré une forte d'indifférence pour la vie, ſi ce n'eſt tout-à fait le mépris de la mort. Hier un ſpectateur revenant d'une exécution diſait : cela n'eſt pas trop dur, que ferai-je pour être guillotinné ? — Inſultez les Repréſentans.

Correspondance de ROBESPIERRE.

de tout état, des bourgeois qui n'ont
jamais exercé leur courage, des vieil-
lards, des femmes, des jeunes gens
à peine fortis de l'enfance marchent-
ils tous à la mort de fang froid ? Voilà,
mon cher Préfident, ce qu'on vous demande, et j'espère que vous voudrez
bien répondre au défir d'une fociété
qui eft remplie de vénération pour
vous. *Vale et ama.*

LETTRE LXXXIII.

LE PRÉSIDENT DE LONGUEIL
AU
MARQUIS DE ST. ALBAN.

Votre société, mon cher et jeune ami, met trop de prix à mon faible jugement. J'ai été frappé comme elle du courage qui fait, je ne dirai pas affronter la mort, car cela suppose une action qui anime et soutient, mais qui la fait supporter froidement, et comme cela me donne lieu d'y réfléchir, je consens à faire part de mes idées à madame de Loewenstein, et à sa société. Je ne m'étendrai pas

fur la queſtion s'il y a du courage à
ſe tuer ; la nature a donné à l'homme
une horreur de ſa deſtruction, qui ne
peut être ſurmontée que par le courage, par un déſespoir qui en tient
lieu, ou par une noire mélancolie
qui inſpire le dégoût de la vie. Madame de * * * était, dites-vous, faible
et timide ; mais l'hiſtoire nous ap-
prend que les femmes ont ſouvent
montré un courage qu'on n'attendait
pas d'elles, et il ne faut pas juger
de notre caractère par de certaines
habitudes. Les courtiſans paſſent des
délices de la cour, du ſein de la mol-
leſſe et du luxe au champ de mars,
et les mêmes hommes qui couchaient
ſur le duvet, couchent gaiement la nuit
au bivouac expoſés à toutes les injures de l'air. Beaucoup de gens res-
semblent pour le courage, à ces avares
qui gémiſſent à chaque petite ſomme

qu'ils font forcés de dépenfer, et qui font capables d'en donner une très-groffe fans en être affectés. Madame de * * * * avait un courage qu'elle ne fe connaiffait pas elle-même, et que les circonftances ont développé; la vie lui était devenue à charge, parce qu'elle était plus attachée à une certaine manière de vivre qu'à la vie. Plus l'habitude d'une foule de commodités était forte dans elle, et plus elle a reffenti vivement leur perte; l'horreur des privations l'a emporté fur celle de la mort. Voilà, ce que je conclus de fa réfolution. Le courage des victimes de la Révolution exige un examen plus attentif. L'histoire offre de nombreux exemples de gens qui ont fouffert la mort avec fermeté, animés par l'intérêt de la religion ou le patriotisme; mais le courage des victimes de la Révolution a quelque chofe de particulier et de caractériftique ; je ne parlerai pas des prêtres et des religieux, leur réfignation quoique digne d'admiration, n'a rien d'étonnant : la religion eft un des plus profonds fentimens qui puiffe remplir le cœur de l'homme, et l'espoir d'un bonheur prochain et éternel, fait disparaître les horreurs de la mort. Ce qui doit furprendre toutes les nations, et ce que je vais tâcher d'expliquer, c'eft comme vous le demandez, la fermeté héroïque d'hommes de tout état ; de jeunes gens, de femmes faibles et timides, qui devenus fupérieurs à toute crainte, contemplent tous d'un œil ferein, le fer levé fur leur tête. C'eft ainfi qu'on a vu quatorze jeunes filles de Verdun vêtues de blanc, chanter et rire en allant au fupplice.

L'espoir ne fort du cœur de l'homme

qu'à la dernière extrémité, et tant qu'il fubfifte, ce bienfaifant impofteur exagère à fes yeux les plus faibles moyens de falut, et préfente à fon efprit toutes les chances qui peuvent être en fa faveur. Son courage alors eft plus actif et moins ferme, et il cherche à s'appuyer fur tout ce qui l'environne; telle était la fituation d'un homme de quelque diftinction dans les temps ordinaires. Il fentait qu'il était pour la multitude un fpectacle touchant; il était feul, et fixait tous les regards attendris; fon émotion redoublait à l'aspect de celle des autres; il s'exagérait fouvent l'importance de fa perfonne, le crédit de fes amis, la clémence du fouverain : enfin s'il obtenait fa grâce, il pouvait jouir encore au fein de fa patrie d'un fort heureux, retrouver une famille et des amis qui lui étaient chers. Mais aucun rayon d'espoir, dans l'époque actuelle, ne fe répand dans l'ame de celui qui eft condamné, il eft au comble du malheur, et ce malheur lui eft commun, au moment même, avec trente victimes dont il fait nombre, et cent perfonnes diftinguées par la naiffance, les emplois, la fortune, ont été immolées les jours précédens, fans produire aucune fenfation. Chacun de fes compagnons d'infortune eft trop occupé de lui-même pour partager les angoiffes d'un autre. Les fpectateurs habitués à de fanglans fpectacles, voient paffer d'nn œil fec le char funèbre où il eft affis, et ne diftinguent aucune victime, fi ce n'eft quelquefois pour l'infulter. Le malheureux ainfi conduit à l'échafaud eft obligé de renfoncer fes larmes qui ne toucheraient perfonne; il rentre en lui-même et s'abforbe dans la réfignation,

et une forte de honte l'empêche auffi
de montrer de la lâcheté devant des
compagnons, qui, retenus par le même
fentiment ne témoignent que de l'infenfibilité; enfin la plupart ont perdu
ce qu'ils avaient de plus cher; dé-
pouillés de leurs biens, de leur rang,
le défir de vivre eft éteint par l'excès
des maux, et la vie eft devenue un
fardeau pour eux; les terreurs qu'ils
ont éprouvées, l'horreur du temps
préfent, les malheurs qu'ils prévoient,
leur font regarder la tombe comme
un afile, et loin d'envier le fort de
ceux qui vivent, ils les plaignent d'a-
voir encore tant à fouffrir. *Vale et
ama.*

LETTRE LXXXIV.

—

La Cesse de Loewenstein

a

Melle Emilie de Wergentheim.

Vous m'auriez été d'un grand secours hier, mon Emilie, et c'est à ma mauvaise destinée qu'il faut attribuer la petite indisposition qui vous a empêchée d'être à la fête que nous a donnée mon oncle. Il y a cinq ou six jours que le Marquis de St. Alban nous dit qu'il avait beaucoup aimé la danse, et la Duchesse ajouta que son cousin était célébre parmi les jeunes gens pour les *Allemandes*. Mon oncle qui s'eſt piqué dans ſa jeuneſſe d'être un grand danſeur, s'eſt fort étendu ſur ce ſujet. J'étais invité à tous les bals, a-t-il dit, et tout le monde ſe raſſemblait autour de moi quand je danſais. Un jour ſur-tout je me trouvai figurer avec une belle dame, dont j'étais épris, et qui me tenait rigueur : jugez de ſon embarras, lorsqu'elle ſe trouva entre les bras d'un homme à qúi elle ne permettait pas de lui baiſer la main, et que cet homme la ſerrait tendrement, et contemplait tout à ſon aiſe ſes charmes ; je puis dire que je la menai bon train, et enſuite ſe tournant vers le Marquis : voilà, un bon *parthener* pour vous ma chère nièce, et il ajouta : elle valſe avec une grâce, une vîteſſe, c'eſt un vrai tourbillon ; ſavez-vous bien, Marquis qu'elle eſt femme à vous laſſer. Le Marquis répondit qu'il avait perdu l'habitude et presque le goût de la danſe, qu'il craignait de ne pas me faire honneur, et tout de ſuite mon oncle de dire : ſi je vous donne un petit bal, ma nièce, ne ſerai-je pas votre bon oncle par-ci, votre cher oncle par-là ? car c'eſt une petite flatteuſe qui ſait cajoler à merveille les gens, quand elle a intérêt de leur plaire. L'hiſtoire de mon oncle me donna lieu de ſonger auſſitôt, que j'éprouverais l'embarras de ſa dame, et je lui répondis froidement, que je ſerais toujours à ſes ordres. Il ſe récria ſur mon indifférence, et je m'empreſſai d'ajouter que je ne me portais pas trop bien depuis quelque temps, et que j'aimerais autant que ce plaiſir fût différé. Cinq ou ſix jours ſe ſont paſſés, et mon oncle, avant-hier, me dit à déjeuner, que j'avais un bon viſage, et ne ſongeant plus à ce qui s'était dit, j'ai répondu que je ne m'étais jamais mieux portée. Nous avons été dîner chez lui, comme nous en avons l'habitude tous les jeudis; j'ai remarqué quelques signes d'intelligence entre lui et ma mère, et qu'il avait mis un de ses plus beaux habits et sa croix de diamant, mais je n'en ai pas cherché la cause; il a joué un peu plus long-temps que les autres jours; enfin à sept heures au lieu de partir il nous a engagés à venir voir son orangerie, dont il a fait une galerie. Jugez de ma surprise en la trouvant tout illuminée et remplie d'une très-brillante assemblée. Une de ses vieilles amies avait invité plusieurs personnes à Francfort, et dans les environs, et faisait les honneurs en nous attendant. Nous avons été reçus au son de tous les instrumens. Mon oncle a cru que je serais comblée de joie, et il m'a fallu, pour ne pas lui déplaire, témoigner une satisfaction que j'étais bien éloignée de ressentir. La Duchesse était auprès de moi, et le coup d'œil le plus intelligent de sa part m'a fait voir qu'elle sentait l'embarras de ma position; mon oncle n'a pas tardé un instant à le redoubler en m'amenant le Marquis pour ouvrir le bal avec moi, nous avons commencé par un menuet; ce n'est pas une danse grave que je redoutais, ainsi j'ai été pendant tout le temps qu'elle a duré fort à mon aise. Le Marquis au reste danse très-bien; mon oncle était ravi et de lui et de moi, il faisait remarquer à tout le monde sa bonne grâce et la mienne, et semblait prendre à tâche d'interpeller mon mari pour faire louer le Marquis par lui. Les *Allemandes* sont venues; c'est la danse favorite de mon oncle, et je n'ai pas tardé à me fentir entre les bras du Marquis. Il était facile d'apercevoir fon trouble, et je crois qu'il mettait pour s'étourdir, une rapidité extrême dans tous fes mouvemens. On fe preffait autour de nous pour nous voir danfer, et l'on applaudiffait à tous deux; mon oncle, fur-tout, s'extafiait, ou criait *braviffimo* à tue tête. Je ne faurais vous dire combien, en débutant, je craignais une danfe qui donne tant de facilité à un homme emporté par fa paffion, de faire connaître fenfiblement ce qu'il éprouve; je pris le parti de fonger à toute autre chofe, fans regarder autour de moi; mais une ou deux fois je jetai les yeux involontairement fur une glace et je ne faurais vous dire ce que j'éprouvai, lorsque j'y vis le Marquis me tenant dans fes bras. C'était en vérité un friſſonnement de terreur, mêlé cependant de quelque douceur. Je lui dois la juſtice de dire qu'il a été de la plus parfaite et délicate discrétion; les mains qu'il pouvait appuyer naturellement, il ſemblait les faire gliſſer dans la crainte de me déplaire; il ſemblait s'efforcer de ne donner à ſes regards que la nuance et le genre de plaiſir que procure la danſe: cependant trois ou quatre fois, ils me parurent remplis de la plus douce ivreſſe. La Ducheſſe ne me perdait pas de vue, et me dit à deux ou trois repriſes, vous devez trouver que mon couſin *danſe bien*, et il était facile de deviner le véritable ſens de cette louange. Le bal a fini, je ne vous dirai pas à ma grande ſatisfaction; car le Marquis ayant éloigné de moi toute idée de crainte, je me livrais au plaiſir de la danſe avec toute la vivacité que vous m'avez vue autrefois. Voilà, ma foirée, ma chère amie; fi vous étiez venue, vous auriez affuré encore plus ma contenance; vous auriez fervi de but à mes regards, pendant que je danfais, nous aurions eu enfemble de ces petites chuchoteries, auxquelles ont recours les perfonnes embarraffées, pour fe diftraire d'un fpectacle qui les trouble; enfin vous m'auriez épargné la moitié de la peine, parce que le Marquis aurait danfé avec vous, au lieu qu'il n'y avait que moi de force; mais hélas! ma chère amie, le diriez-vous, ce n'eft pas au bal que j'ai été le plus émue, le mouvement et le bruit s'oppofaient à toute réflexion, et confondaient les émotions de l'ame avec celles du corps; mais lorsque j'ai été dans mon lit, tout ce qui s'é-tait paffé à cette fête, s'eft repréfenté à mon imagination, et le fommeil, loin de rétablir le calme dans mon ame, m'a plongée dans un trouble inconnu. Je me fuis réveillée plu-fieurs fois, effrayée de me trouver en-tre les bras du Marquis, et je me fentais dans cet état où l'on eft comme opreffé violemment, et l'on s'efforce envain de crier. Je me fuis trouvée à mon réveil, d'une langueur extrême : ce bal, cette nuit feront long-temps gravés dans mon esprit. Il faut prendre un parti, ma chère Emilie, qui me dé-robe à de perpétuelles agitations ; fi les occafions que je veux éviter ne font pas dangereufes, comme j'ófe le croire, elles font tourmentantes ; j'ai befoin de l'abfence ou d'un appui, non pour moi, mais contre les autres. Adieu pour aujourd'hui, mon Emilie.

———

LETTRE LXXXV.

—

LE PRÉSIDENT DE LONGUEIL
AU
MARQUIS DE ST. ALBAN.

L'officier de votre régiment que vous avez chargé d'une lettre pour moi, me l'a remife exactement, mon cher et jeune ami, et nous avons caufé enfemble du fujet dont elle traite. Vous n'êtes pas le feul devant qui l'on ait blâmé les Emigrés d'avoir quitté le royaume et abandonné le Roi; mais ceux qui leur font ce reproche, ne fongent pas à la pofition de ce monarque, à fon caractère et à fa conftante oppofition à tout emploi de fes forces. Si l'on excepte le petit nombre

des serviteurs attachés à sa personne,
aucun de ceux qui avaient possédé
des places n'avait d'accès auprès de
lui, et n'était en droit de lui parler
d'affaires; ses ministres étaient subor-
donnés à NECKER que son ambition
et ses craintes rendaient dépendant
de l'Assemblée. Le Roi paraissait faire
volontairement le sacrifice de son autorité, et favoriser le nouvel ordre de
choses qui s'établissait. Que faire en
pareille circonstance, rester dans le
royaume ? mais alors il fallait prêter
des sermens qui répugnaient, et affi-
cher des sentimens contraires à sa
conscience; il fallait même pour être
en sûreté prendre un rôle actif dans
la Révolution; le danger croissait de
jour en jour et la fuite seule pouvait
y dérober; on aurait envain cherché
à signaler son attachement pour le
Roi, toute démonstration de zèle,

intérieurement approuvée de lui, en aurait été blâmée publiquement, et pouvait préjudicier à fes intérêts, animer fes ennemis, redoubler leur furveillance. Qu'on fe rappelle ce qui s'eft paffé le 28 Février 1792, et l'on verra s'il était poffible de veiller même à fa défenfe. Un grand nombre de gentilshommes, d'officiers généraux, de gens de la plus haute naiſſance allaient chaque jour aux Thuilleries pour veiller à fa fureté. Le bruit s'étant répandu un jour que l'on avait formé pour le lendemain des projets contre fa perſonne, tous ceux qu'on lui favait dévoués furent avertis de fe rendre auprès de lui à une heure indiquée pour s'oppofer aux attentats qu'on avait lieu de craindre; quatre cents gentilshommes pourvus d'armes cachées, fe trouvent aux Thuilleries le lendemain. Le chef de la milice

accourt du faubourg St. Antoine et
exige du malheureux monarque, qu'il
donne lui-même l'ordre à ſes ſervi-
teurs de remettre leurs armes : ils
obéiſſent en frémiſſant, et on les fait
paſſer devant les ſatellites de la nation, qui les fouillent avec autant d'in-
ſolence que de brutalité, et pluſieurs
joignent des coups aux injures. Un
maréchal de France, de quatre-vingts
ans, un premier gentilhomme de la
chambre ſont renverſés et meurtris de
coups de croſſes de fuſil. Que pouvait-
on eſpérer après cette fatale et hon-
teuſe journée, et quels moyens reſtait-il
pour ſervir un Roi captif, dont les fac-
tieux dirigeaient tous les mouvemens
et dictaient les réponſes, un monarque qui était devenu entre leurs
mains l'inſtrument de leurs attentats,
et de ſa perte ? Les princes avaient
fui, par ordre même du Roi, hors du

royaume ; c'était en quelque forte un
conſeil donné à tous ceux qui pouvaient fixer l'attention, de chercher
leur ſalut dans la fuite. Dès que les
Princes furent établis à Coblence, ils
attirèrent les regards de tous ceux
que le zèle enflammait, et devinrent
leur point de ralliement. Auprès d'eux
ſe rendirent en foule des officiers, des
gentilshommes, des magiſtrats, et
pluſieurs leur apportèrent une partie
de leur fortune, pour le ſoutien de la
cauſe royale ; enfin auprès d'eux ſe
raſſembla auſſi un grand nombre de
ſimples citoyens anoblis par leur zèle,
et qui ont partagé tous les dangers
auxquels la Nobleſſe eſt dévouée par
état. C'était auprès des Princes qu'on
devait espérer de ſervir réellement le
Roi, près duquel on ne pouvait ſe
rallier à Paris, et ſi-le ſuccès eût ſe-
condé les généreux efforts des Emigrés,

il leur aurait valu l'admiration de leurs contemporains et de la poſtérité. Les magiſtrats, les financiers deſtitués de leurs emplois, les prêtres ſans fonctions ſont-ils à blâmer d'avoir cherché un aſile hors du royaume, quand ils ne pouvaient, par leurs ſervices, être utiles au Roi; quand leur attachement à la monarchie les dévouait aux plus grands dangers, était la cauſe de l'incendie de leurs châteaux, de la dévaſtation de leurs biens; quand aucune autorité enfin ne les protégeait. Du temps de la Ligue, le Roi était libre et ſes partiſans pouvaient ſe rallier auprès de lui, le royaume était reſté dans ſon ancienne organiſation, et les citoyens dans leurs divers emplois, pouvaient être utiles au monarque; il y avait un Parlement reſté fidelle au Roi, et des villes qui le reconnoiſſaient, où les

Royaliftes trouvaient un afilé; mais
toute la France, à l'époque actuelle
ayant levé l'étendard de la révolte
contre la monarchie, et toutes fes
formes ayant été détruites, l'adminis-
tration s'eft trouvée toute entière
dans les mains des ennemis de la
royauté. Ceux qui font demeurés fi-
delles aux anciens principes, fans influence, fans emplois et fans accès
auprès du monarque, ont gardé le
filence faute d'appui. Par tout ont
été établis des clubs révolutionnaires,
qui ont été pour la propagation du
fanatisme républicain, ce que les con-
grégations et les confrairies étaient
autrefois pour celle de la religion, et
aucun club royalifte n'a pu être formé,
et contrebalancer le pouvoir des premiers. Le reproche que l'on fait aux
Emigrés, dicté par l'infenfibilité qui
fe refufe à tout fentiment généreux,

ou par l'avarice, eſt deſtitué de tout fondement : ſi c'eſt à la Nobleſſe qu'il s'adreſſe ; elle eſt ſortie de France pour ſervir ſon Roi et combattre pour lui ; ſi c'eſt aux citoyens des autres ordres, ils étaient inutiles à ſa dé-fenſe et avaient leur vie à conſerver, et pluſieurs ont mis aux pieds des Princes leur fortune. Adieu, mon cher ami, *Vale et ama.*

Fin du tome ſecond.

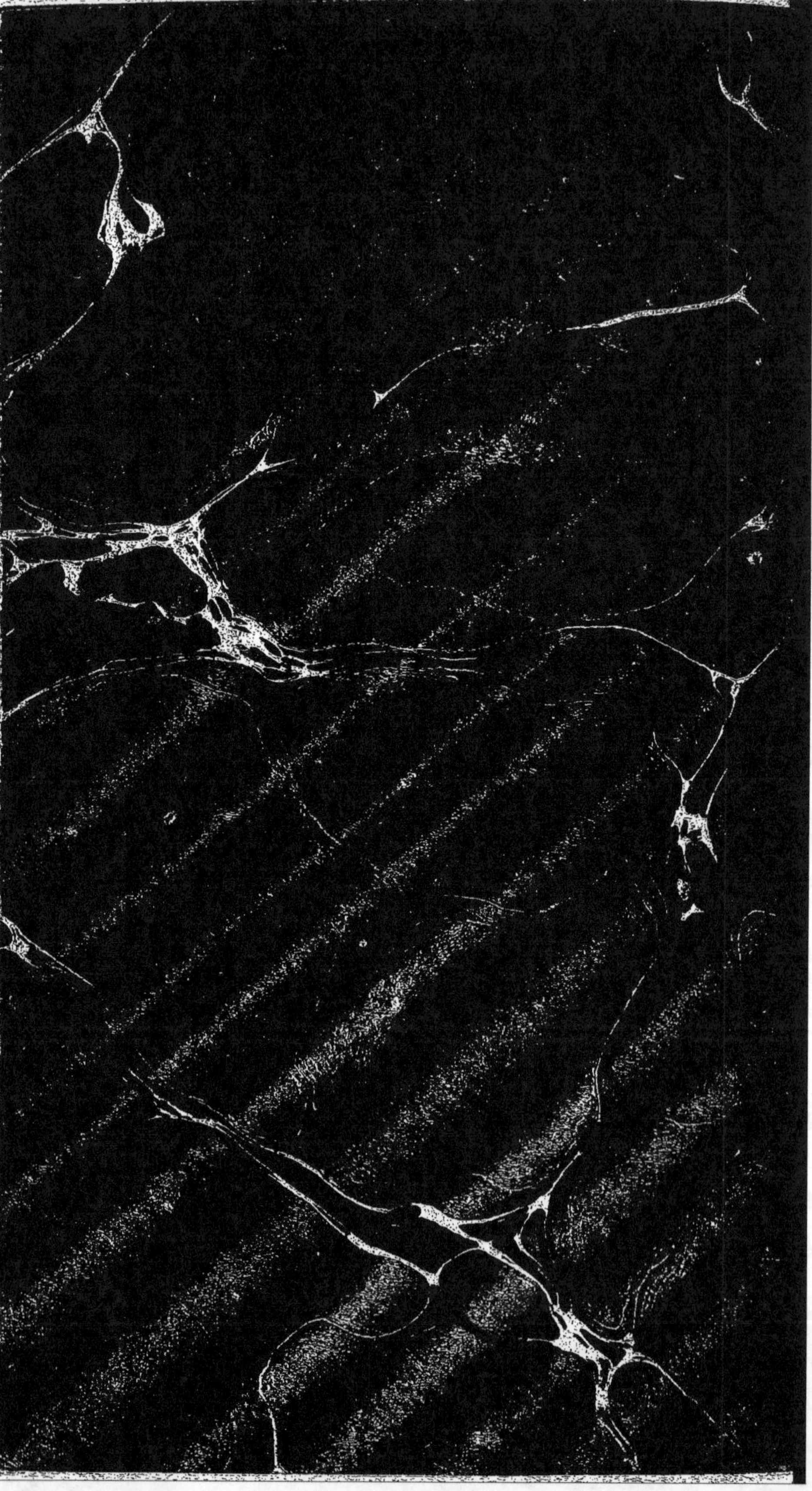

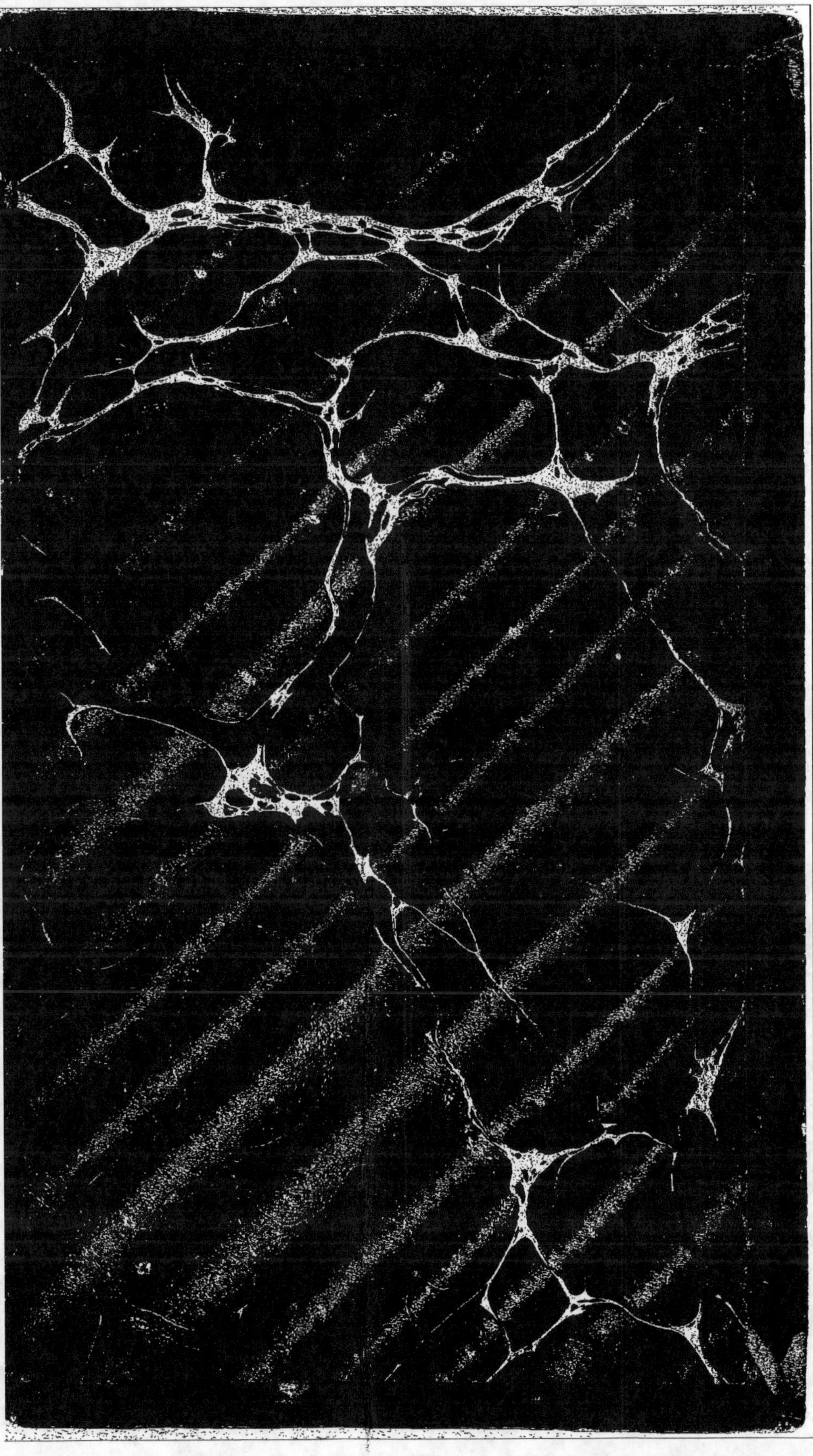

8° II 37 a
Fo (2)